La justice restaurative

Pour une approche plus humaine du crime

Collection Controverses
dirigée par Robert Cario

Les *Controverses* rassemblent de courts essais sur des questions majeures de la connaissance scientifique dans le champ criminologique. En pointant leurs contradictions, (re)découvertes et zones d'ombre, les réflexions participent à une meilleure compréhension de la complexité des conduites humaines. Quatre séries complètent la Collection : ***Traité de sciences criminelles ; Criminologie***, ***Sciences criminelles*** et ***Champ pénitentiaire***.

Ouvrages parus

R. Cario, P. Mbanzoulou (Dir.), La justice restaurative, 2010
R. Cario (Dir.), L'enfant exposé aux violences familiales, 2012
R. Cario, M. Herzog-Evans, L.M. Villerbu, La criminologie à l'Université, 2012
R. Cario (Dir.), Les rencontres détenus-victimes, 2012
I. Dréan-Rivette, Moderniser la probation française, 2013
E. Durand, Violences conjugales et parentalité, 2013
C.-E. Laguerre, Evénements traumatiques à la Martinique, 2014
F. Rognon, B. Deymié (Dir.), Punir, restaurer, guérir, 2014
A. Lemaître, Eléments de prévention du crime, 2014
F. Jollivet, De la punition à la réconciliation, 2018
I. Dréan-Rivette, Des sentences et des peines, 2018
G. Arandel, Pour unc criminologie interculturelle, 2019
R. Cario, La justice restaurative en France, 2020
J.L. De La Cuesta, I. German, La justice restaurative en Espagne, 2021
R. Cario, Grandeurs et vicissitudes de la Justice restaurative en France, 2021
C. Desseigne, L'intégration de la justice restaurative dans le droit pénal français, 2022
F. Gaucher, Groupes criminels et crime organisé, 2022
O. Chevrier, Adolescents et délinquants, 2023
A. Chauvenet, Journal de terrain pénitentiaire, 2023
J. Gagneur, La justice restaurative au bénéfice des mineurs, 2023
M. D'Hébrail, Le silence de l'inceste, 2024

May Fournier

La justice restaurative

Pour une approche plus humaine du crime

L'Harmattan

5-7, rue de l'École-Polytechnique, 75005 Paris

http://www.editions-harmattan.fr

ISBN : 978-2-336-48184-5
EAN : 9782336481845

Je remercie Jean-Cassien Billier pour ses conseils et son soutien tout au long de ce projet.

PRINCIPALES ABRÉVIATIONS

Adde....................	Ajouter
A.J.pénal..	Actualité Juridique pénal
Al.	Alinéa
A.Q.P.V.	Association québécoise Plaidoyer-Victimes
A.R.C.A.	Association de recherche en criminologie appliquée
Art.......................	Article
BEX....................	Bureau de l'exécution des peines
Bull. crim.	Bulletin des arrêts de la Cour de cassation (Chambre Criminelle)
C.A......................	Cour d'appel
C. Ass.	Cour d'assises
Cass.....................	Cour de cassation
C.D.P.C...............	Comité européen des problèmes criminels
C.E.	Conseil de l'Europe
C.E.D.H.	Cour européenne des droits de l'homme
C.E.S.D.H.	Convention européenne de sauvegarde des droits de l'homme et des libertés fondamentales
Cf........................	Confer
C.G.F./F.G.C.	Conférence du groupe familial /
....	Family group conferencing
Chap....................	Chapitre
Chron.	Chronique
C.I.V.I.	Commission d'indemnisation des victimes d'infractions
C.I.C.C.	Centre international de criminologie comparée
C.P.I.P.	Conseiller pénitentiaire d'insertion et de probation
C.L.C.J./C.J.	Comité de liaison des associations de contrôle Judiciaire / Citoyens et justice
C.N.A.V.	Conseil National de l'aide aux victimes
C.N.I.D.F.F.	Centre national d'information et de documentation des femmes et des familles
C.N.I.L.	Commission Nationale de l'Informatique et des libertés
	C.N.P.D/R. Conseil national de prévention de la délinquance/ et de la radicalisation
Coll.	Collection
Comp.	Comparez
Contra.	Solution contraire
C.P.	Code pénal
C.pr.pén.(CPP)....	Code de procédure pénale
C.P.I.	Cour pénale internationale
C.P.T.	Comité européen pour la prévention de la torture
C.S.J.R.	Centre de Services de justice réparatrice, Montréal
D.	Recueil Dalloz
Dir.	Ouvrage publié sous la direction de...
Dr. pén.	Droit pénal (revue)
Dév. et soc./D.S..	Déviance et société (revue)
Ed........................	Éditions, éditeur
E.N.A.P.	École Nationale d'Administration pénitentiaire
E.N.M.	École nationale de la magistrature
Eod. loc.	Eodem loco, même référence, même endroit
EPCVM	Enquêtes permanentes sur les conditions de vie des ménages / Insee
Gaz.pal.	Gazette du Palais
HALDE................	Haute autorité de lutte contre les discriminations et pour l'égalité
Ibid......................	Ibidem, même référence

IFJR	Institut français pour la justice restaurative
IHESI/INHESJ....	Institut national des hautes études de la sécurité et de la justice
I.J.C....................	International journal on criminology
I.N.A.V.E.M.	Institut national d'aide aux victimes et de médiation /France-Victimes
Infra.	Ci-dessous
I.N.S.E.E.	Institut national de la statistique et des études économiques
JCP / S.J.	La semaine juridique
J.A.P.	Juge de l'application des peines
J.D.J.	Journal du droit des jeunes
J.O.	Journal officiel
J.O.C.E.	Journal officiel des communautés européennes
J.R.	Justice restaurative
JUDEVI	Juge délégué aux victimes
Min. Justice.........	Ministère de la justice
Not.	Notamment
O.C.D.E.	Organisation de coopération et de développement économiques (1960)
O.I.P.	Observatoire international des prisons
O.M.S.	Organisation mondiale de la santé
O.N.G.	Organisation non gouvernementale
O.N.U.	Organisation des Nations unies
Op. cit.	Opere citato, Ouvrage, article... déjà cité
Ord.	Ordonnance
p., pp.	Page(s)
P.J.J.	Protection judiciaire de la jeunesse
P.P.M.S.J.	Personne placée sous main de justice
PTSD	Post traumatic stress disorder / État de stress post-traumatique
P.U.F.	Presses universitaires de France
Rap.	Rapport
R.D.P.C.	Revue de droit pénal et de criminologie
R.D.V.	Rencontres détenus-victimes (milieu fermé)
R.C.V.	Rencontre condamnés-victimes (milieu ouvert)
Rev.	Revue
Rev. sc. crim.	Revue de science criminelle et de droit pénal comparé (ou R.S.C.)
R.I.C.P.T.S.	Revue internationale de criminologie et de police technique
R.J.I.J.	Restorative justice. An international journal (V. TIJRJ)
R.P.E.	Règles pénitentiaires européennes
R.P.S.	Revue pénale suisse
S.A.D.J.A.V.	Service de l'accès au droit et à la justice et de l'aide aux victimes
S.A.R.V.I.	Service d'aide au recouvrement des victimes d'infraction
S.M.P.R.	Service médico-psychologique régional
S.P.I.P.	Service pénitentiaire d'insertion et de probation
Suiv., ss.	Suivants(s)
Supra	Ci-dessus
T.G.I.	Tribunal de grande instance
T.I.J.R.J.	The international journal of restorative justice (V. RJIJ)
T.J.	Tribunal judiciaire
U.C.S.A.	Unité de consultation et de soins ambulatoires
U.M.J.	Unité médico-judiciaire
U.H.S.A.	Unité hospitalière spécialement aménagée
U.H.S.I.	Unité hospitalière de sécurité inter-régionale
U.M.D.	Unité pour malades difficiles
V.	Voir
V.O.M	Victim-offender mediation

Introduction

« Changing Lenses » : changer de lentille, de perspective. Voici ce que nous invite à faire celui que l'on considère aujourd'hui comme le père de la justice restaurative, Howard Zehr. Notre système de justice pénale traiterait les conflits en se concentrant principalement sur la punition des criminels, un processus contrôlé et approprié par l'État. Cette démarche, bien qu'elle soit normalisée dans nos esprits, fait de plus en plus débat. S'il est prétendu à travers cette approche de rendre justice aux victimes, ces dernières restent bien au contraire souvent marginalisées.

Les tribunaux peuvent distribuer des jugements qui leur semblent arbitraires : peines trop courtes au vu des circonstances et classements sans suite agissent comme une seconde offense envers les victimes qui se retrouvent sans possibilité de se réparer. Dépossédées de leurs moyens de s'exprimer ouvertement, d'obtenir des réponses à leurs questions ou d'avoir un impact sur l'issue du procès, les traumatismes perdurent. Parallèlement, les punitions imposées aux auteurs de crimes ne parviennent pas à atteindre leurs objectifs. Entre l'échec du système pénal à les responsabiliser, à avoir une incidence sur la récidive ou à réintégrer durablement les criminels à la société, il y a lieu de questionner la légitimité de ce modèle.

La justice criminelle ne prend pas en compte les répercussions générées par le crime sur les liens sociaux. Lorsqu'une personne a subi une agression, il arrive très fréquemment qu'elle traverse divers états psychologiques qui peuvent affecter son entourage qui parvient rarement à gérer la situation. De même ce système n'invite pas à discuter des causes plus profondes à l'arrière-plan des actes criminels comme les inégalités sociales, par ailleurs il n'examine pas la responsabilité indirecte qu'aurait pu avoir le cercle social ou de l'éducation des préjudiciables. Ces constatations, qui résument les préoccupations à l'égard du paradigme pénal, devraient conduire à envisager un autre modèle. Reconsidérer toutes les parties impliquées dans un conflit, en passant par les protagonistes et les membres de leurs communautés, ainsi que leur redonner leur autonomie, voilà ce que propose la justice restaurative.

Bien qu'elle commence progressivement à se faire connaître du grand public, elle génère beaucoup d'incompréhension. Pour cause, peu s'accordent sur sa définition, son origine ou même ses objectifs. Elle possède différentes appellations : justice restaurative, réparatrice, communautaire ; ses applications et théorisations divergent particulièrement, si bien qu'on aboutit à un concept vague auquel on peut rattacher certainement à tort des applications et des objectifs qui ne la reflètent en rien. L'usage excessif du terme « restauratif » pour qualifier de nombreuses pratiques, telles que la médiation pénale, ne fait que renforcer la confusion autour de notre sujet. La justice restaurative correspond à la possibilité de rencontres entre victimes et auteurs d'un même préjudice ou d'une affaire similaire, destinées à travers la discussion à apporter des réponses aux individus que le procès pénal n'aurait pas pu apporter, voire d'envisager des moyens de réparation ou de compensation. Ces mesures peuvent s'étendre à la participation de l'entourage de chaque protagoniste qui a également été touché par l'acte en question, et même à des personnes neutres jugées capables d'apporter leur soutien. La justice restaurative est adaptative aux attentes des participants, elle ne dérive d'aucune obligation, ne procède pas de la décision d'un magistrat et son application n'a aucune incidence sur l'aménagement de la peine des criminels afin de garantir l'authenticité du volontariat. Si l'on accepte d'adhérer à son idéologie, il faut partir du principe que les crimes ont des conséquences sur les individus directement impliqués ainsi que sur leur entourage et plus largement sur les membres de la société, qu'un tel acte génère une césure dans le lien social. Il s'agit donc de tenter de reconstruire une forme de paix sociale à travers la discussion, là où le système pénal tend à rendre muets les protagonistes et à considérer les actes criminels ou délictuels non pas au regard du préjudice mais comme de simples violations de la Loi. Le terme d'« infracteur » en est la meilleure illustration, s'il est jugé ce n'est pas parce qu'il aurait infligé un mal à autrui mais parce qu'il n'aurait pas respecté les règles. À une procédure froide et impersonnelle on revendique un processus centré sur l'acceptation des affects et l'autonomie des agents.

Même à l'issue d'un procès, il reste des questions. Malgré le soutien émotionnel des proches, quelque chose a été brisé, une identité a été « niée [1] » par l'auteur d'une part à qui la victime n'a pas pu être confrontée, et par la justice de l'autre qui l'a anonymisée. En souhaitant participer à une mesure de justice restaurative, elle aspire à redevenir actrice de sa propre vie. De son côté, l'auteur peut chercher à trouver un moyen de se racheter, ou envisage sa réintégration au sein de la société. Il n'est pas rare d'observer des signes de culpabilité du point de vue des criminels quant à leurs actes, qui pourront dans ce cadre expliquer pourquoi ils ont pu se comporter d'une telle manière et répondre aux questions de leurs interlocuteurs. La justice restaurative entend prendre en compte les besoins respectifs de chaque agent. Il ne s'agit pas de mettre sur un pied d'égalité les protagonistes ; mais la culpabilisation, tout autant que la victimisation, est impérativement à éviter. Il est possible de s'exprimer librement, la victime a le droit de dire ce qu'elle ressent, sans filtre, et même de laisser évacuer sa colère mais le processus en tant que tel ne vise pas à punir une seconde fois l'auteur. Derrière ces statuts juridiques, victimes et criminels demeurent des personnes. Le but poursuivi, c'est l'autonomie de toutes les parties, que chacun puisse à travers la discussion reprendre le contrôle du conflit, qui leur appartient. En ce sens, le dialogue reste le moyen et le seul but de la justice restaurative. Pour cette raison, les

1. GARAPON Antoine, « La justice reconstructive » dans A. Garapon, F. Gros et T. Pech, *Et ce sera justice. Punir en démocratie*, Paris, Odile Jacob, 2001, p. 268-270.

médiateurs/animateurs mobilisés pour assurer les rencontres restent en retrait. Ils ne sont présents que pour écouter, offrir leur attention et leur soutien en aiguillant la conversation si cela semble nécessaire et veiller à ce que le cadre légal soit respecté.

La justice restaurative est un phénomène récent, il est possible d'imaginer sa genèse à partir de plusieurs évènements. Il faut d'abord compter l'avènement de la victimologie au milieu du XXe s, sous-branche de la criminologie dont les premiers travaux datent de l'après-guerre avec des théoriciens tels que Hans Von Hentig, Benjamin Mendelsohn, ou encore Ezzat A. Fattah. Si ces travaux ont contribué à la reconsidération de la victime, trop oubliée dans le traitement des affaires et à une amélioration du statut de la victime [1] , il faut remarquer une recherche systématique chez ces auteurs de culpabilisation de la victime au sein du couple pénal. Dans les typologies de victimes établies, des auteurs tels que Von Hentig et Ellenberger, evoquent de « potential victims [2] », c'est-à-dire des individus qui seraient pour ainsi dire nés pour être victimes, auraient une certaine prédisposition à le devenir, cela en vertu d'une forme de déterminisme social, psychologique, mais aussi physique et biologique. D'autres, comme Mendelsohn ou Fattah, établiront leur typologie sur la base du degré de culpabilité de la victime, de responsabilité qu'elle aurait dans l'acte délictuel, allant jusqu'à souligner que la victime serait parfois plus coupable que son agresseur, lorsqu'elle chercher à l'« attirer » ou à lui faire des avances. Il y aurait donc une certaine proximité entre les deux protagonistes, ces travaux contribuent à montrer que victimes et infracteurs « peuvent être interchangeables » et proviennent souvent des mêmes milieux socio-culturels. Bien que ces auteurs aient contribué à réintégrer la victime dans les discours, ils n'invitent pas à considérer la victime dans sa souffrance et font même l'inverse, cherchant à lui trouver une culpabilité. C'est plus récemment avec la version féministe de la victimologie que la

1. En France : droit à l'indemnisation en 1977, création du « service d'aide aux victimes » en 1982 et rapport Lienemann en 1999.

2. VON HENTIG Hans et ELLENBERGER Henri, cités par CARIO Robert, *Victimologie. De l'effraction du lien intersubjectif à la restauration sociale*, 4e édition, L'harmattan, 2012, p. 164-165.

victime sera véritablement envisagée pour le préjudice qu'elle a subi, ces recherches contestant systématiquement les typologies mentionnées plus haut. La justice restaurative semble bien entrer en continuité avec le développement graduel de la victimologie et la montée victimaire.

Mais un événement semble particulièrement marquer sa naissance : en mai 1974 deux hommes après s'être enivrés auraient été tenus pour coupables de la destruction de nombreux biens [1]. C'est là qu'un agent de probation, Mark Yantzi, aurait eu l'idée de leur faire rencontrer leurs victimes. Le juge aurait fini par accepter un face-à-face lors de la prononciation de la sentence, les responsables purent visiter les maisons qu'ils avaient détruites et un arrangement financier fut mis en place. La justice restaurative serait donc née et se serait diffusée à partir de cette idée. Il faudrait également insister sur sa forme néo-zélandaise avec les FGC (*Family Group conferencing*) et le développement de son système entièrement restauratif de traitement de la délinquance juvénile. La source de cette pratique serait autochtone, les Maoris auraient construit à partir de leurs traditions communautaires un modèle répondant à la surpénalisation de leurs enfants [2]. Ce système aurait ensuite été transporté en Australie, au Canada, par des membres de la police.

Il est impossible de discuter de la justice restaurative sans soulever son origine mennonite. Issu de la Grande réforme du XVIe siècle, le mennonisme/mennonitisme était initialement composé de membres vivant d'agriculture en parfaite autarcie. Mais on observe au début du XXe s une importante migration aux États-Unis de mennonites vers les villes. Lorsque le gouvernement eut imposé le service militaire universel à l'occasion des deux guerres mondiales, les membres de cette religion ont fait évoluer leur doctrine de la non-résistance

1. Sur ce point, ZEHR Howard, *Changing Lenses. A New Focus for Crime and Justice*, Herald Press, 2005, p. 158.

2. Voir LEFRANC Sandrine, « Le mouvement pour la justice restauratrice : « an idea whose time as come », *Droit et société : Revue internationale de théorie du droit et de sociologie juridique*, 2006, Justices en réforme, 63-64, p. 393-409.

traditionnelle à un pacifisme absolu, un rejet de toute forme de violence. C'est dans ce contexte que le MCC (*Mennonite Central Committee*) est né, chargé de la négociation avec le gouvernement d'un service civil, ce qui a abouti à la spécialisation progressive de mennonites vers des fonctions spéciales (agent de probation, recherche pénale). Le MCC aurait fortement appuyé le mouvement de la justice restaurative, en ce sens également que l'un de ses membres se trouve justement être Howard Zehr qui a grandement participé à sa systématisation et à sa formation théorique. Comme il faudra le voir ultérieurement, cette parenté avec le mennonisme a fait l'objet d'une critique importante de la justice restaurative. Les détracteurs affirment qu'il serait impertinent de proposer une alternative au système pénal reposant sur des valeurs religieuses avec aussi peu de fondements rationnels, telles que le pardon ou la pitié qui sembleraient être consubstantielles au mouvement restauratif. Mais il faudra voir que la justice restaurative ne se réduit pas à faire la promotion d'un dogme religieux. De plus, ce n'est pas parce qu'elles ont été théorisées et revendiquées comme religieuses que certaines valeurs doivent pour autant être impertinentes et qu'on doit les rejeter, elles sont avant tout plus humaines [1].

La justice restaurative possède des origines tellement diverses qu'il serait trop long d'ériger une liste complète. Ses formulations sont marquées par tant de divergences et de contradictions (s'étant fait approprier par de nombreux mouvements, de l'abolitionnisme pénal, libertarianisme de droite, conservatisme compassionnel, notamment) qu'il faut comprendre qu'elle suscite l'incompréhension auprès du grand public. Les controverses sont nombreuses, entre ses implications religieuses suggérées plus haut, ou son association avec le communautarianisme, certains craignent que la justice restaurative dérive en populisme pénal et contribue par son intérêt porté aux victimes au durcissement des peines ou alors qu'elle ne soit le signe d'un retour à l'archaïque et à la vengeance privée. Il s'agira d'examiner plus tard ces

1. CARIO Robert, *In* ZEHR Howard, *La justice restaurative. Pour sortir des impasses de la logique punitive,* Labor et Fides, 2012, introduction, p. 11-12.

confusions, qui prouvent que la justice restaurative ne s'est pas encore suffisamment imposée dans les mœurs pour révolutionner notre traitement des conflits.

L'abondante littérature sur le sujet suggère de nombreux désaccords entre les tenants d'un « minimalisme » et ceux d'un « maximalisme » de la justice restaurative. Ces mesures devraient-elles être obligatoires si l'on juge qu'elles ont un effet significatif sur la récidive ou si l'on souhaite offrir la possibilité de la réparation à toute victime ? Faut-il concevoir la possibilité de « sanctions restauratives » ? Le contenu de son idéologie reste encore à affiner, mais beaucoup voient dans ce mouvement l'horizon d'un nouveau paradigme pour penser le traitement des crimes et des délits. Jusqu'où doit-on penser la justice restaurative, doit-elle rester complémentaire au système pénal, une extension venant pallier les insuffisances de la justice punitive, ou doit-elle à terme le remplacer totalement ? Faudra-t-il inclure une formalisation étatique ou doit-elle reposer exclusivement sur la libre participation des individus ? Toutes ces questions méritent d'être traitées ultérieurement dans cet ouvrage.

L'incompréhension généralisée autour du phénomène restauratif peut se comprendre du point de vue du décalage de ses concepts avec nos coutumes. Si des notions telles que celle de « communauté » peuvent trouver leur sens dans des États tels que le Canada où les discussions communautaires sont ancrées depuis longtemps, ces idées parviennent difficilement à trouver leur sens en France. Ceci constitue un véritable problème dans l'implantation de la justice restaurative, qui peine à trouver des financements adéquats pour pouvoir se développer librement. Le phénomène reste inconnu ou incompris, certainement en raison d'un manque de diffusion et de publicité, donc de financement. Et pourtant la justice restaurative représente une approche plus humaine, plus inclusive et plus démocratique du traitement des conflits. Elle mérite d'être connue et reconnue, de la même manière que toute personne mérite de la connaître. En France, elle est un droit pour toute personne qui aurait été impliquée dans un conflit et souhaiterait reprendre les rênes de sa vie. Il faudra s'attacher à clarifier la justice restaurative, tout autant du point de vue de l'explication de son émergence, de ses concepts et de sa théorisation qu'au niveau de ses pratiques effectives, des difficultés et de la possibilité de son extension vers un nouveau paradigme. Une fois de plus, *changing lenses*, voilà ce que nous nous proposons de faire ici. Il s'agira de changer la lentille à travers laquelle le phénomène criminel et ses implications sont conçus, afin de le percevoir de manière plus globale à la lumière de la justice restaurative.

1

L'évidence contemporaine de la justice restaurative

A. L'appropriation par l'État de la réponse punitive

Le 6 mars 1981, Marianne Bachmeier décide de rendre justice elle-même pour sa fille, tirant à 8 reprises dans le dos de Klaus Grabowski. Ce boucher avait kidnappé Anna Bachmeier, âgée de seulement 7 ans avant de l'agresser sexuellement et de l'étrangler avec une paire de collants. Il avait ensuite pris soin de la mettre dans une boîte et de la laisser au bord d'un canal. Cet homme avait déjà été condamné à plusieurs reprises pour actes de pédophilie. Au troisième jour de son procès, la mère de la fillette, qui avait réussi à introduire un Beretta 70 dans la salle d'audience, accomplit un acte d'auto-justice. Le criminel meurt instantanément. Si l'affaire a défrayé la chronique à cette époque, que certains ont tenté de prouver que son acte n'était pas celui d'une mère désespérée mais d'une faiseuse de trouble, disant qu'elle aurait le jour même de l'assassinat négocié la prise en charge de la fillette par un couple, une grande partie des critiques s'est tournée en faveur de Marianne. Pour cause : l'individu était déjà connu comme tel, il avait déjà exercé des sévices sur des mineures. Il avait certes été condamné mais fut relâché ensuite. La justice était responsable de ce meurtre et de ce viol sur cette fillette. Qu'aurait pu attendre Marianne Bachmeier ? La proclamation d'une peine de prison à perpétuité ? Une mise à mort ? Ou peut-être l'avocat de Klaus lui aurait permis de réduire sa peine de quelques années ? Elle était totalement impuissante face à son sort. Sa fille ne reviendrait pas et son avis n'aurait aucune incidence sur la sentence du criminel. Condamnée à rester la victime collatérale du meurtre de sa fille, condamnée à se plaindre tout en restant à l'écart, laissant la justice jouer son rôle dans une odieuse pièce de théâtre où sa vie serait déterminée par ces acteurs, entre douleur et frustration. Il faut comprendre que l'opinion publique, se mettant à la place de la jeune femme, ait fait preuve de compréhension. Sous pression le procureur requalifie le meurtre en homicide involontaire. Condamnée à 6 ans de prison, Marianne sort après en avoir purgé trois.

Cette affaire donne à réfléchir, elle a mis le doigt sur un problème qui semble contemporain : le droit des victimes dans le processus judiciaire. Dans la mesure où la victime d'un viol, d'un vol, d'un braquage est principalement concernée, quel devrait être son droit lors du procès ? Devrait-elle figurer à côté de l'avocat et du procureur ? Sa parole devrait-elle valoir plus que celle d'un simple témoin ? Devrait-elle avoir le droit d'insulter, de violenter son agresseur ? Pourrait-elle contribuer à choisir la sentence du criminel, ou même devenir la seule instance décisionnelle ? Il est parfaitement légitime de se poser cette série de questions. Si certaines d'entre elles pouvaient sembler extrêmes, la plupart sont des questions classiques qu'il est normal de se poser aujourd'hui. L'échec apparent de la justice pénale, le nombre d'affaires classées sans suite, le manque de contrôle de la récidive, la frustration des victimes et le manque de leur prise en charge ; toutes ces constatations mènent à se demander s'il ne faudrait pas envisager d'introduire davantage les protagonistes d'une affaire au centre de la procédure. En matière de justice pénale, si victime et accusé possèdent des droits de participation [1], il n'en est pas moins que tout est fait pour qu'il y

---

1. On sait qu'en France la victime peut se constituer partie civile et avoir une participation active en tant que plaignante lors du procès, présenter des

ait le moins d'interaction voire aucune interaction possible entre les deux. Pour des raisons de « protection », pour éviter toute altercation, la possibilité de toute interaction est diminuée. On refuse qu'il y ait *conflit*. Pour Nils Christie, l'absence de conflit est le point de départ pour établir le monopole des juges. Les conflits auraient été subtilisés aux parties concernées, ces derniers auraient perdu leur droit à la participation au conflit : « Highly industrialised societies do not have too much internal conflicts, they have too little [1] ». Au sein de nos sociétés, le conflit serait un privilège dont jouiraient exclusivement les professionnels du droit. Les protagonistes sont exclus de ce qui les concerne directement. Lors d'un procès ou durant sa préparation, il arrive bien souvent qu'un avocat rétorque que nos arguments n'ont aucune valeur d'un point de vue juridique ; de même ce sont parfois des arguments qui paraissent n'avoir aucun sens quant au sujet qui finissent par l'emporter. Christie prend un exemple tiré de l'une de ses conversations : juste après la guerre, un homme a été arrêté pour avoir collaboré avec l'Allemagne nazie, il a d'ailleurs été affirmé que ce dernier aurait été l'une des têtes pensantes du mouvement. Mais durant le débat, son avocat le défendant aurait gagné la partie en réussissant à prouver à quel point son client était déficient. L'individu était selon lui si arriéré qu'il aurait été impossible qu'il puisse constituer l'un des cerveaux du système. Ironie de l'histoire, l'auteur raconte que l'avocat en question se serait ensuite plaint que son client ne l'ait pas remercié par la suite et ne soit jamais revenu lui parler. Ceci montre bien l'appropriation dont il est question dans l'article de Nils Christie. Ce dernier dénonce la professionnalisation à l'origine de ce monopole, « Lawyers are particularly good at stealing conflicts [2] ». Les juges se sont approprié les conflits, rendant leur contenu et leur maîtrise inaccessible. Si victimes et

---

preuves en plus de son témoignage, présenter des demandes d'indemnisation, etc. L'accusé de son côté est en droit de se défendre, d'interroger les témoins à charge et de discourir en sa faveur.

1. CHRISTIE, Nils, « Conflicts as property », *The British Journal of Criminology*, vol 17, n°1, Oxford, Oxford University Press, 1977, p. 1-15 ; V. G. Ricordeau, Crimes et peines, Ed. Grevis, 2021, 195 p., not. p. 43-82.

2. *Ibid.*, p. 4.

accusés ont droit à la parole lors d'un procès, cela ne signifie pas pour autant que leur voix sera entendue au même titre qu'un avocat. Les conflits sont devenus objets « d'experts » reposants sur une panoplie de normes, de techniques complètement déconnectées des habilités du citoyen ordinaire. Il ne s'agit plus d'empathie, de prise en compte des émotions mais de règles et de normes froides internes au métier de droit qui sont pour la plupart incompréhensibles. Les professionnels du droit ne cherchent pas en soi à aider quiconque, ou alors indirectement, ils cherchent à gagner de l'argent. Si le droit est une profession, c'est bien que son contenu est hors de portée des individus. Les avocats sont des outils qui permettent aux individus de savoir comment se comporter vis-à-vis des juges, qui se traduisent par une expertise de savoir ce qui les attend, et comment éviter les conséquences néfastes de « ce qui est dans une large mesure plus fort qu'eux. Par conséquent, cela devient une affaire (business) afin de découvrir quand ce danger doit être craint [1]», pour reprendre les termes de W. Holmes Jr. Pour ce dernier, le droit est une affaire essentiellement prophétique. Le droit est d'abord un *business*, un échange d'intérêts entre un avocat et un litigieux face à un pouvoir judiciaire considérable. Si c'est un *business*, c'est que la recherche dans les dossiers reportant sur des évènements juridiques passés des critères, des détails et contextes qui pourraient avoir une incidence dans un cas présent, constitue un véritable savoir-faire. Si, dans son article, Holmes cherche surtout à montrer qu'un individu de droit n'est intéressé que par les conséquences pratiques générées par la force publique à la suite d'une décision judiciaire, et qu'ainsi le droit et la morale ne pourraient aller de pair il faut toutefois percevoir l'idée chez lui que le droit est avant tout une profession, que les individus concernés par une affaire doivent se reporter à un spécialiste pour comprendre un contenu qui les dépasse.

Pour en revenir aux propos de Nils Christie, même l'architecture des tribunaux renvoie à cette idée d'inaccessibilité du fait de leur complexité : situés dans des quartiers administratifs (aux antipodes du quotidien des individus),

---

1. HOLMES Jr, Olivier Wendell, *The path of the law*, 1897.

l'intérieur semblable à un labyrinthe (même les professionnels du droit affirment qu'il leur faut beaucoup de temps avant de trouver leurs repères) et même les salles d'audience sont apparemment alambiquées. Tout se passe comme si le but était d'éloigner délibérément les individus de ce qui les concerne ; comme si ce n'était plus eux qui avaient été lésés par un crime mais quelqu'un d'autre. Mais pourquoi mettre l'accent sur le conflit plutôt qu'autre chose ? Parce que les conflits sont une « propriété », parce qu'ils reviennent de droit aux individus qui sont en droit de les exploiter, d'y prendre part. Or ils sont diabolisés : les conflits tuent, ils blessent les individus et bouleversent l'ordre social. Le conflit est à l'inverse de la paix, on comprend mal comment l'auteur peut le considérer comme précieuse propriété. Sans la présence d'*officials*, sans la présence de gardiens, d'une police et d'une justice pour contrôler les conflits, notre société basculerait dans l'archaïque où vendettas et duels, règlements de compte privés briseraient la paix relative. Mais Christie ne fait pas l'apologie d'une société où le conflit deviendrait central. La segmentation et l'écart entre les individus propres à nos sociétés hautement industrialisées empêchent de comprendre autrui, de prédire leurs comportements. L'organisation entre les individus est devenue si complexe que la participation réelle et la communication se raréfient. Le conflit est devenu l'une des rares occasions de participation. Bien qu'il faille les minimiser, les conflits sont donc une ressource sociale primordiale : « Conflicts might kill, but too little of them might paralyse [1] ». En considérant le conflit comme une propriété, Christie insiste donc sur son potentiel à influencer les relations sociales et le fonctionnement dans son ensemble. Le citoyen ordinaire devrait avoir un rôle actif dans la gestion et la résolution des conflits, plutôt que de s'en remettre à des décisions imposées par des autorités.

Dans l'état des choses, la victime est perdante, complètement laissée à l'abandon. N'ayant aucune priorité dans la discussion, elle se retrouve humiliée, frustrée et sans outil pour se reconstruire. Du côté du criminel, la confrontation aurait été

---

1. CHRISTIE, Nils, *op.cit.*

bénéfique, c'est dans ce contexte que la honte et la culpabilité auraient pu surgir. Face à des individus neutres et une peine indifférenciée, il se sent à son tour victimisé, il ne peut aucunement prendre conscience du mal qu'il a fait. Le tribunal reste une scène de théâtre, un théâtre de la représentation où les parties (victime et criminel) sont condamnées à observer le spectacle de leur propre existence, sans avoir réellement d'influence sur leur sort.

Sans s'arrêter sur une simple critique, Nils Christie imagine un modèle basé sur une expérience de voisinage orientée spécifiquement vers la victime, tenant compte de son vécu et de ses besoins. Pour décrire cela, il imagine une scène représentative : dans une petite ville de Tanzanie, Arusha, les habitants du village et des villes avoisinantes se sont réunis pour discuter et trouver un arrangement par rapport à un conflit. Il s'agit d'un homme qui avait énormément investi dans sa relation avec une femme avant qu'elle ne le quitte. Le résultat n'a ici aucune importance, ce qui compte c'est l'organisation : l'homme et la femme, les deux parties concernées étaient placés au centre et avaient le monopole de la discussion, leurs amis et proches participaient de même sans s'approprier le débat, l'audience générale avait également sa part mais surtout dans des questions de clarification. Enfin, les seuls juges présents étaient pleinement inactifs, ne représentant les experts qu'en matière de normes et ceci est parfaitement logique : tous les autres individus présents dans la pièce étaient davantage experts de la situation. Son modèle est donc diamétralement opposé à celui d'un tribunal, il est aisé de faire un lien direct avec la justice restaurative et son fonctionnement. En France, au sein des « cercles restauratifs », les victimes et les infracteurs ont une place centrale dans la discussion, il faut veiller à ne pas les couper et les laisser composer par eux-mêmes. Les médiateurs/animateurs sont chargés de s'assurer que le processus se déroule pour le mieux, restent en retrait et n'interviennent que pour orienter la discussion si jamais personne n'ose participer. Il ne s'agit pas d'éviter les différends, les explosions de colère (tant qu'elles restent raisonnables). Il n'est pas question d'invisibiliser le conflit, mais au contraire de le mettre en évidence. Partir du principe que le conflit est essentiel, que la confrontation est un droit auquel chacun devrait pouvoir accéder. Il faut vivre la confrontation pour espérer pouvoir se reconstruire, il faut la vivre pour comprendre les conséquences de nos actes. La justice restaurative semble donc s'inscrire dans la perspective de Nils Christie, elle se développe comme une réponse à cette appropriation des conflits par les agents de l'État. Comme le souligne Sandrine Lefranc, « Le mouvement pour la justice restauratrice s'inscrit donc dans une contestation des professionnels du droit, de la justice appliquant des règles de droit générales qui fondent leur monopole, et, par extension, de toute forme de professionnalisation ; la justice est rendue à la « communauté » [1] ». C'est une réaction légitime aux effets de l'exclusion d'individus, cette dernière résultante d'une professionnalisation sous couvert de l'État.

La justice restaurative se serait finalement développée par réaction aux effets de cette appropriation excessive. Elle se serait rangée du côté de la victime qui aurait été doublement abusée : du fait de son auteur ainsi que de l'État qui lui a subtilisé son statut. Si le père qui viole sa fille et feint qu'il ne s'est rien passé le lendemain institue déjà une double méprise ; pour reprendre les termes d'Antoine Garapon « Un même fait est vécu atrocement par l'un et banalisé par l'autre [2] », la victime se retrouve encore dénigrée par l'appropriation de son conflit par des agents de l'État. Elle ne semble reconnue qu'en tant que victime collatérale, car celui qui s'indigne ouvertement du crime par le biais de ses représentants, c'est l'État. Par l'intermédiaire de la Justice pénale, l'État s'érige en tant que victime de tout crime. C'est lui qui se trouve offensé par le non-respect de ses codes. Le criminel de son côté pourrait avoir le sentiment en purgeant sa peine d'écumer sa dette, mais sans confrontation avec sa victime cette dette ne pourrait être que celle envers l'État. Entre les murs froids et neutres de sa prison, même le coupable le mieux intentionné au monde ne pourra avoir le sentiment de s'être racheté vis-à-vis de sa victime. Mieux encore, il pourra

1. LEFRANC, Sandrine, *op.cit.*, p. 405.

2. GARAPON, Antoine, *op.cit.*, p. 292.

naître un sentiment d'injustice, lui-même se considérera comme victime puisque sa peine ne le renvoie aucunement à sa faute. Notons que même les informations à propos d'une affaire criminelle sont dessinées par le point de vue des professionnels de justice : la communication des ressentis ainsi que des revendications des deux parties concernées au grand public n'est, si ce n'est très peu, aucunement mise en avant [1]. Le crime lui-même devient un instrument manipulé par les politiciens et la presse.

Mais cela n'a pas toujours été le cas. Toute cette appropriation est en réalité le fait d'un long processus historique. Le crime n'a pas toujours été considéré comme une offense envers l'État, ou envers le souverain. L'approche ancrée de la justice criminelle n'est pas le seul modèle, d'autres, anciens, étaient plus inclusifs envers la communauté, les familles, les victimes. Daniel W. Van Ness présente un « ancien modèle », c'était la perspective des sociétés qui n'étaient pas encore étatisées. Mais même après cette formalisation étatique l'attention particulière aux victimes a perduré. Il donne quelques exemples [2] : le code de Hammurabi, mais aussi du Lipit-Ishtar, Ur-nammu, Eshnunna, notamment. Selon ces cultures, les criminels et leurs familles devaient faire amende aux victimes et à leurs familles pour annuler l'injure, éviter les cycles de violence sans fin et restaurer l'équilibre. L'auteur insiste d'ailleurs sur la similarité en Hébreu des termes *Shalom* (comme condition d'une communauté où règne l'absence de conflit), *Shillum* (renvoyant à la restitution) et enfin *Shillem* (rétribution au sens de vindication). Un paiement, une forme de remboursement en cas de crime était donc essentielle à la paix, à la stabilité et l'harmonie d'une communauté. Ces arrangements se faisaient entre familles, sans qu'il ne soit question d'aucun monopole étatique. C'est un phénomène qui n'était pas borné au monde occidental, W. Van Ness parle également de l'Afrique pré-coloniale, la culture japonaise, les populations indigènes du nord de L'Amérique, de l'Australie, de Nouvelle-Zélande,

---

1. Selon Howard Zehr « crime news is viewed through the eyes of the legal process and its professionals », 1990, *op.cit.*, p. 56.

2. VAN NESS, Daniel, « Victim offender mediation programmes », *Les cahiers de la justice*, n°2006-1, Paris, Dalloz-ENM, p. 143-151.

principalement. La discussion communautaire ayant pour but de trouver un arrangement qui conviendrait aux deux parties en cas de crime n'est donc pas née avec la récente justice restaurative, c'était la norme bien avant la naissance de l'État de droit [1]. Au Moyen-âge, la question des crimes se règle encore essentiellement par arrangements privés, qui coexistent avec l'organisation féodale décentralisée spécifique à cette époque [2]. La diversité représente l'organisation pénale, puisque les différentes coutumes ainsi que les différentes autorités locales qui gardent une forme d'indépendance régissent le traitement des crimes. Cela ne signifie pas pour autant que règne le désordre ; la coutume bien avant le droit désigne la norme. Cette dernière se généralise et est transcrite à l'écrit davantage à partir du XIe siècle. Le règlement des conflits et des crimes revêt encore une allure privée et litigieuse, même si avec les débuts de la croissance de l'État (XIIIe et XIVe siècle) l'autorité publique se démène pour les limiter et les sanctionner. Mais il faut noter que parmi les infractions punissables, ce sont les atteintes à l'ordre politique et religieux qui constituent les crimes les plus graves, bien au-dessus des crimes contre les personnes et contre les biens. S'il subsiste des arrangements d'ordre privé, cela ne va plus de pair avec une reconnaissance de l'offense envers la victime et sa famille. Le blasphème, les résistances à l'autorité sont bien plus graves qu'un simple meurtre ou qu'un vol, c'est pour cette raison qu'à côté des infractions religieuses et politiques (plus enclines à être gérées directement par l'autorité locale), les crimes contre les personnes et les biens se règlent de manière privée : ils sont de moindre importance. Si de manière pratique les conflits sont réglés encore par des arrangements, en réalité l'appropriation du statut de victime par l'autorité politique (et ici également religieuse) s'est déjà opérée.

---

1. Notons que la justice restaurative n'implique pas nécessairement d'arrangement monétaire. Beaucoup de pays, notamment la France, rejettent cette possibilité, pour que les motivations ne soient pas entièrement motivées par le gain, ce qui serait contre-productif conformément à l'éthique de la justice restaurative française.

2. Sur ce point voir MARTINAGE, Renée, *Que sais-je ? Histoire du droit pénal en Europe*, Paris, PUF, 1998.

Après l'établissement du monopole du pouvoir étatique, la pratique pénale se généralise, les contours en sont dessinés au travers de textes officiels signés de la main du souverain. L'offense commise par le crime devient une offense envers lui. En n'ayant pas respecté une règle, le criminel blesse le législateur, l'auteur des lois. Si un homme tue ses enfants dans un accès de colère, ce n'est pas pour eux que sera rendue justice, mais pour le souverain qui a été lésé en tant que représentant de la loi. Dans ce cadre, le crime de lèse-majesté constitue évidemment le plus grave de tous les crimes, aux côtés du blasphème. Si les supplices infligés aux coupables brillent par leur éclat [1] c'est pour raviver l'éminence de la couronne qui a été niée. En France, l'ordonnance de 1670 souhaitée par Louis XIV régissant la procédure pénale donne d'ailleurs une idée de ces pratiques infamantes. Malgré l'apparent déchainement de violence sur le corps des condamnés, Foucault précise que ce n'était pas l'expression sauvage d'une rage démesurée, mais une pratique parfaitement calculée : jusqu'au nombre de coups, de scarifications ou de secondes de souffrances. La torture elle-même entre dans le cadre du supplice et de la peine puisque tout suspect constituait un coupable à demi-mesure. Soumis à la fameuse question, tout suspect devait être puni au moins par la torture, même innocent. Toute offense envers le roi devait être réglée. Le supplice devait être éclatant de toute part : exécuté sur la place publique, aux yeux de tous, le spectacle de son horreur avait pour but de terrifier, d'imposer le spectacle de l'éminence souveraine par une violence exacerbée. Par le supplice, le roi rétablit son honneur. Par son éclat, c'est l'éclat même du souverain qui est révélé : « Le supplice ne rétablissait pas la justice, il réactivait le pouvoir [2]». Le bourreau, chevalier du roi, accomplissait ce travail, sans pour autant obtenir de reconnaissance. Bien au contraire, il servait à conserver l'immaculée du roi, étant le seul à être entaché par le sang des condamnés. D'autre part, même le savoir était un privilège du magistrat. L'accusé était exclu de toute connaissance des preuves,

1. Pour reprendre l'expression de FOUCAULT, Michel dans *Surveiller et punir*, Paris, Gallimard, 1975.

2. *Ibid.*, p. 60.

de la procédure ainsi que de son accusation. Il n'était pas en droit de disposer d'un avocat, de connaître l'identité de leur dénonciateur afin d'énoncer des contestations. Il se retrouve également dépossédé de ce qui le concerne. Seul le magistrat était en possession de la vérité : « Devant la justice du souverain, toutes les voix doivent se taire [1] ». De part et d'autre du conflit, victime et auteur du crime se trouvent reniés. Le souverain s'érige à la fois en tant que victime et juge d'un acte criminel. À travers l'exhibition publique du corps supplicié, il s'affirme comme vainqueur sur le criminel, ainsi que sur la victime.

Foucault précise qu'il ne faut pas se méprendre : contrairement aux interprétations et aux représentations des châtiment de cette époque, la réaction du public exposé à un tel spectacle n'était pas nécessairement d'approuver par de profondes acclamations, de huer et de projeter des pierres sur le malheureux. D'abord, le peuple pouvait apporter son concours à la gloire du roi, mais son intervention était limitée par ce dernier. Il devait être le seul à détenir le pouvoir de punir. Mais surtout, la monstruosité de certains supplices comparée à la faible gravité de certains actes répréhensibles suscitait de plus en plus l'indignation du peuple. Le facteur socio-économique était également à la source des révoltes : les plus pauvres pouvaient rarement prouver leur innocence contrairement aux plus aisés. Foucault donne plusieurs exemples où ce fut le bourreau qui finit par se faire lyncher. La foule appelait souvent à la grâce et acclamait le châtié qui, n'ayant plus rien à perdre, avait acquis la liberté de jurer contre l'ordre établi [2]. Tout au long du XVIIIe s les protestations contre les supplices se multiplient, les réformateurs de la fin du siècle revendiquent une peine adoucie, la suppression de certaines pratiques et l'équilibre entre le degré d'une punition et son utilité sociale. Il ne s'agit plus de se tourner plus vers le passé, vers la rétribution d'un mal qui a été commis mais vers l'avenir avec la dissuasion : « Il faut que la justice criminelle, au lieu de se venger, enfin punisse [3] ». Cesare

1. *Ibid*, p. 45.

2. *Ibid*, p. 69-78.

3. *Ibid*, p. 88.

Beccaria aura une influence considérable sur ce point avec son principe de légalité des délits et des peines [1]. Il s'agit désormais de mettre en œuvre des peines proportionnées et représentatives faisant percevoir en transparence le crime aux individus. Il faut noter que la répression des crimes contre les biens se développe à cette époque avec la considération grandissante des droits individuels [2]. Dans ce contexte, le mouvement réformiste s'explique également par une transformation de la nature des crimes, les crimes de sang se subvertissent en crimes contre les biens, en vols par appât du gain. Parallèlement, tout au long du XIXe s se développe l'institution carcérale inspirée par le modèle américain, avec l'exemple de la Philadelphie et celui d'Auburn. Les « réformatoires » semblent s'imposer progressivement comme une évidence, devenant au fur et à mesure le modèle principal. Mais si la prison semble être une alternative plus humaine, plus juste à l'instar des châtiments corporels propres à l'absolutisme monarchique, nos protagonistes ont-ils retrouvé une place plus importante au sein du conflit ? La victime obtient-elle davantage de considération dans le mal qu'elle a subi ?

Le modèle de la prison change évidemment beaucoup de choses, du côté du coupable. Les peines sont relativement plus douces (même si l'isolement total vers lequel tend le modèle de Philadelphie pourrait être associé à un supplice) et s'individualisent (séparer les individus en fonction de la nature de leur crime afin de corriger au mieux les corrigeables, l'idée n'étant plus de rétribuer mais de corriger), mais si le modèle représentatif des réformateurs semblait conserver un lien entre le crime et la peine – le châtiment devant renvoyer directement dans les esprits à l'infraction commise –face à la durée de sa peine le prisonnier ne se sent pas coupable. Comment générer de la culpabilisation lorsqu'un simple vol est puni d'un certain nombre d'années et qu'un meurtre est puni d'un autre ? Isolé dans sa prison, même soumis à la méditation de ses actes, le criminel se sent victime. L'horreur des supplices lui donnait une position de

1. BECCARIA, Cesare, *Des délits et des peines*, 1764.

2. V. LOCKE John, *Second traité du gouvernement civil*, 1690 où il introduit les droits naturels comme fondement de la communauté politique, comme le droit de propriété.

martyre, l'arbitraire de la durée des peines risque désormais de lui créer un sentiment d'injustice. De plus, comme le précise Foucault, la prison devient un outil de contrôle et d'observation. C'est dans ce contexte que le panoptique benthamien trouve le mieux sa représentation : l'incarcéré est l'objet qui se donne à être connu, il s'agira de rechercher l'origine de son vice mais pour cela il faudra le connaître sous tous ses angles, et bientôt des disciplines telles que la psychiatrie/psychologie et la sociologie entreront en compte dans cette nouvelle science pénitentiaire. Jusque dans l'architecture des bâtiments (la plupart du temps circulaire), tout est mis en œuvre pour permettre cette décortication du prisonnier. C'est la connaissance de l'individu dans toute son existence et sa moralité qui se donne à savoir : de là naît la criminologie. L'infracteur est cristallisé dans le modèle du délinquant où au-delà de son acte, c'est tout le processus de sa vie qui le caractérise comme tel. Cette tendance à l'étude, la compréhension de la délinquance dénote quelque chose : la conviction pour le modèle de la réhabilitation, le développement de la criminologie sont la preuve que les yeux de la justice se sont tournés du côté du criminel. Ce dernier devient un sujet d'étude car il est possible de rationaliser le crime, comprendre son origine et donc trouver des solutions de prévention. Mais malgré l'intérêt sociologique de cette entreprise, cette obsession pour la délinquance détourne du véritable concerné : la victime. Elle est laissée humiliée tandis que l'on se prend de passion pour son malfaiteur. Son profil est étudié, partant du principe que tout criminel a été autrefois une victime afin de mieux le « comprendre » mais celui qui a été touché par ces actes est rarement pris en compte.

La littérature policière elle-même démontre cette fascination malsaine pour les criminels, les tueurs en série : représentés comme des « anti-héros », décris comme rusés et intelligents, le public se passionne pour leurs techniques et leur savoir-faire. Les acteurs les plus charismatiques sont choisis pour interpréter des violeurs ou des cannibales, de même que leur passé difficile est mis en avant, ce qui a pour effet de les humaniser. Cet attrait met en évidence le détournement de l'intérêt pour le mal des victimes. Il est certes essentiel de comprendre le phénomène du crime, de comprendre par exemple qu'il est lié à des structures socio-économiques ou que le comportement criminel dérive souvent de l'intériorisation d'un traumatisme, mais cela fait évidemment signe vers l'oubli des victimes.

L'appropriation du conflit par l'État se décrit donc comme un long processus historique : d'abord objet du souverain, la réponse punitive était utilisée pour réaffirmer la puissance du législateur sur tous ceux qui tenteraient de nouveau de ne pas respecter ses règles. À travers la terreur et le spectacle du corps supplicié, il devient la victime universelle et le juge de tout crime. Même avec le développement des prisons, le déclin des monarchies, c'est toujours l'État qui se conduit comme s'il avait été lésé par le crime. La professionnalisation, l'accroissement des métiers de la justice et de l'administration carcérale sont la preuve qu'il ne s'agit plus du tout de prendre en compte la parole des victimes ou de les laisser prendre une place active dans la résolution du conflit. Le droit pénal européen s'est construit dans ce face-à-face entre la société et le criminel, ce dernier est davantage écouté mais c'est moins pour qu'il participe authentiquement à son procès et à la discussion de son sort que pour l'observer et l'étudier comme un animal dans une cage. Comment justifier cette confiscation ? Faut-il affirmer qu'elle est inévitable, car autrement ce serait la « guerre de tous contre tous[1] » ? L'inconscient collectif contient l'idée que nos peines douces et rationnelles se sont progressivement substituées à la violence des sociétés archaïques, les règlements de compte entre familles d'antan ne seraient donc que de vendettas et déchainements de violence qui auraient été remplacés par une peine juste et universelle. Pourtant, derrière ce mirage, une question subsiste : une participation plus active des citoyens à leur conflit ne serait-elle pas plus démocratique ? La justice restaurative, en tant qu'héritière du souci de réattribuer le conflit aux protagonistes, ne serait-elle pas plus propice à un état libéral ? S'il est admis, tel que le fait Nils Christie que le conflit constitue une propriété, alors la participation directe bien qu'encadrée à la résolution du conflit par les principaux concernés devrait être une liberté pour tous. La confrontation devrait être un

1. HOBBES, Thomas, *Léviathan*, 1651, XIII, §62.

droit, dans la mesure où le droit de propriété correspond à un droit naturel. En ce sens, la justice restaurative intervient comme une solution, plus libérale au délaissement des victimes et – si elle se limite comme en France à une option supplémentaire au système pénal – elle constitue un compromis entre la liberté de prendre part à son conflit et la nécessité (revendiquée par beaucoup) d'un monopole de l'État de la réponse punitive. La confrontation serait essentielle à la fois au rétablissement des victimes et des proches touchés par le crime mais également à une forme d'expiation et de prise de conscience de la part des auteurs.

B. La remise en question du paradigme punitif

La justice restaurative émerge aujourd'hui comme une réaction à cette appropriation excessive, elle semble être une suite logique à l'histoire du traitement du crime et du droit pénal. Si les conflits d'ordre civil permettent de conserver une opposition entre deux individus – l'État constitue davantage dans ce cadre un médiateur – lorsqu'il s'agit du pénal le conflit direct est invisibilisé au profit d'un face-à-face avec l'État. Il ne s'agit plus de punir parce qu'un préjudice a été commis sur quelqu'un ou sur ses biens, mais parce qu'il n'a pas respecté la loi. On ne punit pas pour régler un conflit entre deux personnes, on punit parce que l'un d'eux ne s'est pas soumis aux règles. Le modèle de la justice tel qu'il est connu, celui qui apparaît avec évidence et qu'il ne s'agit pas de remettre en question, c'est le modèle rétributif. Il existe certes d'autres foyers de sens de la peine [1] : si punir c'est faire respecter la loi, c'est aussi favoriser la paix sociale en éloignant un individu dangereux de la population, « éduquer » ou mieux réhabiliter une personne qui présente une déviance jugée mauvaise, dissuader les autres de faire de même, etc. Il conviendrait de donner de nombreuses justifications à la punition. Mais il faut bien s'accorder sur l'idée que la coercition tire sa légitimité dans le cadre étatique du non-respect d'une règle. Il s'agit de punir des infractions, des crimes définis

1. Pour reprendre l'expression de GROS, Frédéric, « Les 4 foyers de sens de la peine », dans A. Garapon, F. Gros, et T. Pech, *Et ce sera justice. Punir en démocratie*, Paris, Odile Jacob, 2001, p. 11-138.

minutieusement dans des textes de loi. On ne punit pas un acte qui n'a pas été interdit. Cela paraît logique, il semble difficile de réfuter cette justification qui s'applique dans la plupart des modèles de notre vie : il existe à plus petite échelle des règles dans le contexte scolaire, au sein des entreprises et des organismes de travail mais également au sein de la famille. Si une règle n'a pas été honorée, une sanction s'ensuit. Certes, punir un élève c'est le faire pour l'éduquer, lui inculquer les bonnes valeurs. Mais derrière la sanction se trouve le motif du règlement intérieur. La rétribution régit la justice, mais c'est un modèle qui est difficile à remettre en question du fait de sa systématique au sein de notre existence en société. Comment vivre ensemble sans règles ? Et si personne n'est désigné pour les faire respecter, sans *léviathan* pour imposer la loi, n'est-ce pas le désordre qui subtiliserait la place de la paix sociale ? Même si l'examen de la nécessité des règles dans nos sociétés constituait une question passionnante, ce qui a de l'intérêt ici est ce qu'implique ce modèle rétributif dans son application au sein de la justice pénale. Les lois sont, entre autres, censées protéger les individus, mais même si ces règles semblent essentielles d'un point de vue procédural, elles masquent la réalité du préjudice. Le meilleur exemple serait peut-être donné par l'inexistence actuelle ou passée de lois interdisant certains types de préjudice : le viol, le viol conjugal, la maltraitance infantile, le cyber-harcèlement, sont autant de cas où un préjudice existe réellement, l'individu est blessé physiquement ou psychologiquement mais aucune loi correspondante ne garantissait ou ne garantit suffisamment sa punition. À l'inverse, ce qui est ironiquement appelé aujourd'hui les *Victimless crimes* [1] prouvent que les lois sont susceptibles de punir des actes qui ne causent préjudice à personne, si ce n'est aux mœurs particulières : l'homosexualité, l'adultère ou la sodomie ont été dépénalisés dans la plupart des pays occidentaux, mais il n'empêche qu'ils étaient autrefois prohibés et engageaient des sanctions. Les débats incessants sur l'avortement, surtout depuis l'abrogation du *Roe vs Wade* de 1973 aux États-Unis, font comprendre que ces actes « sans victime », qui semblent reposer

1. Terme inventé par SCHUR Edwin dans *Crimes Without Victims : Deviant Behavior and public polic : Abortion, Homosexuality, Drug, Addiction*, 1965.

sur la liberté, sont susceptibles d'être de nouveau pénalisés. Les lois sont dites censées protéger, mais bien souvent elles brident les droits. En réalité, elles ne sont pas toujours les garantes de nos droits naturels. C'est pour cette raison que les mouvements féministes, LGBTQIA+ visent la législation : les lois ne punissent pas assez ou punissent trop. Il faut donc admettre qu'on ne punit pas pour un préjudice commis mais seulement parce qu'une règle l'interdit.

La rétribution semble tournée vers le passé. Contrairement à une perspective utilitariste où il s'agit de punir pour prévenir l'avenir, que la faute ne soit plus commise, il faut ici punir parce qu'une règle a été enfreinte. Punir « pour que » non pas « parce que ». La punition c'est le rappel de la loi. Selon la morale rétributiviste, l'objectif de la punition n'est pas de dissuader, ou de maximiser l'utilité mais de donner à chacun son dû, ce qu'il *mérite*. Pour Kant, la loi du talion – qui consiste en une stricte réciprocité des crimes et des peines – est le seul critère de détermination des châtiments. Cela signifie que celui qui a tué mérite de mourir, car il n'existe aucune commune mesure entre la vie (si pénible qu'elle soit) et la mort. Punir un coupable pour dissuader ses concitoyens, ce serait traiter un être humain comme un moyen en vue d'une fin, le réduire à une chose [1]. En commettant un crime, le coupable s'inflige un mal à lui-même : la punition est en ce sens une extériorisation de ce mal auto-infligé. En volant par exemple, l'infracteur rend incertaine la propriété de tous, la sienne comprise. La justice doit donc se fonder sur un principe d'égalité entre le crime et la peine, puisqu'il s'agit d'une mise en scène du mal que le condamné s'est donné à lui-même. Cela ne consiste pas tant dans ses termes à faire paraître la loi qui a été niée par le crime, mais plutôt « de retourner à l'agresseur sa propre justice, de faire retourner contre lui son propre acte [2] ». Kant ira jusqu'à dire que ne pas punir un coupable, c'est nier son statut moral. C'est, au contraire, rendre service à celui qui s'est laissé emporter par des passions basses,

1. KANT Emmanuel, *Doctrine du droit*, Paris, Garnier Flammarion, 2018, p. 151.

2. GROS Frédéric, *op.cit.*, p. 42.

afin qu'il puisse équilibrer, de nouveau, son humanité. Les raisons de respecter l'individu et sa dignité sont les mêmes que pour le punir, ainsi punir c'est considérer l'autre comme libre et responsable. Le mot d'ordre du talion correspond donc à la restitution, en punissant il s'agit de rétablir un équilibre. Il faut comprendre que la notion de *mérite* est essentielle dans le modèle de la rétribution. Le coupable n'aurait pas respecté la loi, il reçoit son « just desert ». Il a rompu un équilibre, il mérite donc de souffrir pour le rétablir. La notion de douleur est essentielle dans ce cadre : par son acte le criminel s'est érigé une dette. Seule la douleur peut la régler. Comme Howard Zehr le précise, le *pain* est un sujet tabou dans nos sociétés contemporaines [1]. C'est une réalité que beaucoup cherchent à camoufler, voir à justifier rationnellement en donnant un sens à la peine : punir, faire souffrir permettrait de réhabiliter les individus, parce que cela aurait un effet dissuasif. Cette honte pour la douleur inhérente à la punition provient certainement d'une opinion bien répandue selon laquelle à la violence archaïque des vengeances de sang se serait substituée une forme rationnelle et légitime de réponse aux crimes. Il est admis que l'histoire du droit pénal rime avec adoucissement progressif des châtiments et réduction de la douleur, ce qui n'est pas dénué de sens. Mais derrière le principe de la peine persiste l'idée de douleur. D'avoir tenté de cacher cette réalité en remplaçant le bourreau par une guillotine, d'avoir transformé, avec le carcéral, la douleur physique en douleur psychologique avec le carcéral, elle ne disparaît pas pour autant. De la nécessité du *pain* dans le modèle rétributif, il faut y rajouter toutes les formes de violence bien connues mais passées sous silence : maltraitance des surveillants de prison envers les prisonniers, ou encore viols très fréquents entre détenus. La douleur est donc essentielle pour penser le modèle rétributif selon Howard Zehr. Le criminel s'est obligé d'une dette, seule sa douleur peut l'en libérer. Il faut faire ici trois remarques : (1) d'abord, notons que la nécessité de ce *pain* ne rentre pas le cadre d'une amende envers la victime qui aurait formulé son besoin de vengeance. Il s'agit une fois de plus de punir parce qu'une règle a été enfreinte et non pour soulager la victime. (2) De plus, comme

1. ZEHR Howard, *op. cit.*, II, 5, p .75.

le précise l'auteur : « The message that offenders must get their due, and that what they are due is punishment, may teach a lesson quite different that what we intend [1]. ». En infligeant un mal au criminel, ce dernier apprend non pas qu'il est mal d'agir comme il l'a fait, mais qu'au contraire certaines personnes méritent de souffrir, d'être abusées. Le concept de mérite inhérent au modèle rétributif s'avère donc problématique. (3) Enfin, l'idée de dette engage les criminels à penser qu'il suffit de purger sa peine pour s'affranchir de son acte. Cela conduit à associer le règlement de la dette avec l'épuration de la peine. Comme si du point de vue de la victime cela suffisait. Ce n'est pas parce que la peine correspond au règlement en vigueur du litige ouvert avec l'État par le crime que cela suffit à s'acquitter du mal qui a été fait aux victimes. La dette privilégiée ici masque la véritable dette qui subsiste par-delà la peine, c'est celle qu'aucun châtiment, aucune vengeance ne peut soulager. Qu'elle soit carcérale ou non, psychologique ou physique, la peine comme réponse proportionnée à un crime met une fois de plus en évidence la monopolisation de l'État du statut de victime. L'idée de dette ne permet pas aux auteurs de crimes de prendre conscience de l'amplitude des effets liés à leurs actes.

Il faut ajouter un autre point élémentaire au modèle réributif, tel que le décrit Howard Zehr : le concept de culpabilité. C'est un élément tellement central qu'il régit complètement la procédure de justice criminelle. Il s'agit avant tout de trouver un coupable, d'argumenter autour du blâme et que le malfaiteur avoue sa culpabilité. Toujours tourné vers le passé, tout consiste à comprendre ce qui s'est passé, de déterminer avec certitude qui est l'auteur du crime, mais également de connaître la teneur de la culpabilité : était-ce vraiment volontaire ? A-t-il bien commis un acte prohibé par la loi ? Toute la procédure est donc essentiellement descriptive. Il faut comprendre les circonstances du crime, connaître le coupable et dans quelle mesure il est susceptible d'un blâme. Il s'agit de connaître ce qui s'est passé, l'issue en tant que telle n'est pas ce qui importe, il ne s'agit pas de chercher à trouver des solutions pour que le problème ne soit plus

1. *Ibid*, p. 77.

récurrent. Du côté du coupable, le concept de *guilt* génère de l'incompréhension. Dans le langage juridique, la culpabilité est un terme complexe. Un avocat pourrait proposer à son client de plaider non coupable, même s'il l'est en réalité. Dans son langage, cela ne signifie pas que son client n'est pas coupable, cela consiste par exemple à demander de prolonger l'affaire.

Toute cette ambiguïté correspond à un jeu juridique inaccessible à l'infracteur. Il se contente d'écouter ce que son avocat a à lui dire, lui conseiller, son rôle consiste justement à jouer son rôle dans une partie à laquelle il lui est impossible de participer du fait de sa méconnaissance du fonctionnement et des envers de la procédure de justice pénale. À côté de cela, des psychologues lui seront proposés, qui lui parleront du concept de *guilt* dans d'autres termes que ceux du droit, certains lui parleront ce qui a pu se passer dans sa tête, ou lui demanderont non pas s'il est véritablement coupable une fois de plus mais s'il se sent coupable, si son acte était véritablement intentionnel. Face à ces utilisations techniques du terme de culpabilité, l'accusé se retrouve désorienté, il ne parvient plus à saisir les limites poreuses du fait d'être innocent ou coupable. Pour autant, ce terme est important dans son cas puisqu'il tend à embrasser tout le reste de son existence, comme le soutient Howard Zehr, « guilt is not merely a description of behavior but a statement of a moral quality [1] ». La culpabilité est une qualité qui définit à vie. Un criminel sera toujours considéré comme coupable, ou du moins cette étiquette sera difficile à effacer. Le casier judiciaire est un bon exemple de la longévité de ce statut de coupable. La plupart des emplois lui seront à jamais inaccessibles, il sera certainement obligé de fréquenter des centres de réhabilitation où il pourra peut-être trouver quelques désagréables opportunités. Cela devient une part non négligeable de son identité, la première chose qui le caractérisera aux yeux des autres pour très longtemps, même lorsqu'il aura « purgé sa peine » et qu'il sera sorti de prison. Il est coupable à vie, par-delà la punition.

La victime de son côté aura également du mal à comparer la réalité de son expérience et celle présentée dans le langage

1. *Ibid.*, p. 69.

juridique. Elle sera spectatrice d'un jeu où même ses témoignages, sa plainte seront remis en question dans l'optique où il s'agit non plus pour les avocats de raconter la vérité, mais où il faut avant tout gagner.

Tout ceci conduit à remarquer que la justice pénale, dans son système interne, entraîne une vision extrêmement simplifiée du monde, où il existe du bien et du mal sans que cela soit susceptible de degrés. La justice rétributive comme rétribution d'une loi qui aurait été violée ne prend pas en compte les éléments socio-économiques. Dans ce cadre, la compréhension de la responsabilité, de la liberté individuelle de l'accusé ne reconnaît pas le contexte à l'arrière-plan des actes. Ce modèle s'appuie sur la perspective occidentale d'une forme d'individualisme : les individus sont des agents moraux libres, s'ils agissent mal ils le font sciemment. La loi aurait été délibérément violée par le présumé, sauf s'il est jugé médicalement inapte à avoir une volition libre par exemple. Bien évidemment, il s'agit de vérifier si l'individu n'a pas été forcé par quelqu'un d'autre à le faire. Mais il n'est ici pas question de chercher à définir l'origine des comportements, ni à savoir si les individus se sont véritablement sentis libres de faire ce qu'ils ont fait. Il est supposé qu'ils soient libres par essence et qu'ils sont capables d'anticiper toutes les conséquences de leurs choix. Mais pour Zehr, cette hypothèse ne prend pas en compte la nature complexe des actes répréhensibles. Elle ignore l'aspect contextuel, les facteurs sociaux, économiques et psychologiques qui sous-tendent ces actions. Comme la culpabilité, centrale au modèle réhabilitatif est centrée sur le comportement individuel, elle ignore les racines de la criminalité. La justice criminelle se définit exclusivement par sa procédure, elle offre une manière binaire de comprendre les choses : il y a du bien et du mal, et être dans le bien c'est se placer du côté de la Loi. Cette vision simpliste du monde mène à considérer les choses seulement comme bonnes ou mauvaises, sans chercher plus loin. La justice est à la fois trop complexe, inabordable dans ses termes et ses définitions ; mais elle véhicule en deçà une conception des choses simplifiée qui ne permet pas de reconnaître les responsabilités collectives derrière les actes individuels. Le modèle rétributif qui ne permet d'agir que par rétribution du passé ne permet pas d'œuvrer à éviter la systématisation des crimes. Il se contente de traiter les effets et non la racine d'un problème. Les études sociologiques et psychologiques, notamment par le biais de la criminologie, se sont chargées d'analyser les mécanismes sociaux à l'origine des comportements criminels. Les facteurs sociaux, les normes sociales, les traumatismes ayant eu lieu pendant l'enfance ont avec certitude une influence dans le développement d'un profil criminel. Ces travaux ont certes eu un impact sur notre vision des choses, ils ont permis de modérer le manichéisme de la perception commune, il n'empêche que la justice criminelle ne semble toujours fonctionner qu'avec cette alternative. Ou bien l'individu est coupable, ou bien il ne l'est pas. Les avocats pourront évoquer ces derniers facteurs sociologiques et psychologiques, ils essayeront de mobiliser des arguments en faveur de leur client : ce dernier aurait subi des traumatismes étant enfant, il aurait été abusé par l'un de ses parents, il souffrirait désormais d'un trouble qui altère son comportement. Derrière ce plaidoyer, il s'agit de savoir s'il faut imputer la responsabilité de l'acte à son auteur. Même s'il est coupable, était-il pour autant responsable ? La responsabilité, par effet de la causalité n'en revient-elle pas à son milieu social, à ses parents, à la société ? Il faut attribuer ou non le blâme, ou bien l'individu est mauvais, ou bien il ne l'est pas, et s'il ne l'est pas, c'est que quelqu'un ou quelque chose d'autre de mauvais est à l'origine de son acte. Il faut enfin ajouter que la concentration de la justice criminelle sur la culpabilité et le blâme éloigne une fois de plus de la considération des victimes. Le modèle rétributif sur lequel elle repose rappelle une fois de plus que la punition intervient parce qu'une règle a été niée, et que l'offensé, ce n'est pas la victime mais l'État.

Le modèle actuel de la justice pose problème. Il fallait le voir : victimes et auteurs de crimes sont relayés en spectateur de leur conflit, les victimes ne bénéficient pas assez d'accompagnement, de reconnaissance et les criminels ne sont pas mis dans les dispositions favorables à la naissance d'un véritable sentiment de culpabilité. Tout ceci correspond au fonctionnement de la justice criminelle, qui prenant appui sur un schéma rétributif amène à une vision simplifiée du monde et des actes criminels, ignorant les racines plus profondes des comportements déviants. Le système rétributif, qui se concentre principalement sur la punition, mène à marginaliser davantage les individus ce qui contribue à alimenter le cycle de la violence. Il crée une dichotomie simple entre victimes d'un côté et infracteurs de l'autre. Une telle approche tend à être remise en question : même centrée vers le passé, elle ne permet pas une juste réparation des dommages du côté de la victime. Elle ne permet pas non plus de prévenir la récurrence de certains crimes, elle se comprend seulement comme un processus qui se nourrit pour lui-même. Le problème du système punitif dans cet état, c'est que malgré les tentatives d'insuffler une culpabilité à l'infracteur, de le désigner coupable, la disproportion entre le crime et la punition mène davantage le criminel à se sentir victimisé et le public à le considérer comme une victime. L'inexistence pratique de la victime au sein du processus ne vient que renforcer ce phénomène. Cela aboutit, d'un côté, au manque de considération pour la victime et, d'un autre côté, à un contexte carcéral qui ne permet pas au détenu de remplir l'objectif idéal de la prison, faire « pénitence ». Au contraire, un cercle vicieux se met en place où celui qui a causé un préjudice fait l'expérience de la violence en prison, et reprend sa profession de criminel dès sa sortie.

Le nombre d'affaires classées sans suite, la durée interminable des procès ne vient qu'appuyer ce problème de la pénalité contemporaine. Cette habitude à rallonger les procès provient de notre peur de punir un innocent, ce qui ramène à l'importance de la culpabilité dans le contexte rétributif. Il est possible d'aller jusqu'à dire que c'est le système punitif en tant que tel qui ne fonctionne pas, ou du moins présente de nombreux dysfonctionnements. C'est ce que semble présenter Randy Barnett lorsqu'il suggère que l'histoire de notre justice criminelle tend à démontrer l'avènement d'un changement de paradigme [1]. Il reprend dans cette optique la description des révolutions

---

1. BARNETT Randy, « Restitution : A Paradigm of Criminal Justice », *in Perspectives on Crime Victims,* ed. Burr Galaway and Joe Hudson, St. Louis, Missouri, C. V. Mosby Co., 1981, p. 245-261.

scientifiques de Kuhn [1] : ses travaux sont des outils essentiels dans la remise en question de l'objectivité et de la rationalité des sciences. Le cœur de la science correspond à la « science normale ». Un ensemble d'axiomes, de théorèmes et de conceptions qu'on accepte n'est pas questionné. Ces règles et ces normes admises par la communauté scientifique caractérisent la stabilité d'un « paradigme », et l'activité scientifique en son sein consiste principalement à améliorer et à étendre les théories existantes, en résolvant des problèmes scientifiques dans le cadre du paradigme dominant. Cette science est donc dite « normale », elle est normée, marquée par la routine et l'accumulation progressive de connaissances et de développement de méthodologies adaptés au paradigme en question. Il ne s'agit pas de remettre en question la véracité du paradigme scientifique, c'est un cadre dans lequel la science évolue et où il s'agit avant tout de répondre aux difficultés. La « science révolutionnaire » en revanche correspond à une période de rupture radicale de la stabilité de la science. Les règles et les normes qui avaient été établies commencent à être remises en question en raison de l'accumulation d'un grand nombre d'anomalies. Si la tâche du scientifique au sein de la science normale était de travailler dans le cadre donné et de résoudre les problèmes, beaucoup trop d'incohérences finissent par être admises et ce sont les fondements mêmes du paradigme qui finissent par être questionnés. Durant les périodes de révolution scientifique, les chercheurs explorent donc de nouvelles perspectives, souvent radicales pour comprendre le monde. Ils proposent alors de nouveaux cadres théoriques et paradigmes alternatifs pour expliquer les anomalies. Ces périodes sont marquées par des débats intenses, de fortes contestations et des changements profonds dans la vision de la science. Ces révolutions conduisent finalement à l'émergence d'un nouveau paradigme, donnant place à une nouvelle période de science normale. Un exemple classique de révolution scientifique serait parfaitement illustré par le passage de la physique Newtonienne entre la fin du XVIe et le début du XVIIe siècle. La vision dominante de la physique était basée sur les idées d'Aristote, selon lesquelles les objets tombent

1. KUHN Thomas, *La structure des révolutions scientifiques*, 1962.

à des vitesses proportionnelles à leur masse et à leur force appliquée. Selon ce modèle, la Terre était au centre de l'univers et les mouvements célestes étaient expliqués en termes de sphères concentriques avec des cercles circulaires. Mais certaines anomalies se sont imposées au fil du temps : les mouvements irréguliers des planètes, la chute d'objets de poids différents à la même hauteur ont commencé à contredire les bases de la physique aristotélicienne. Galilée aura joué un rôle fondamental dans le changement de ce paradigme : à l'aide de sa « lunette », en mobilisant sa méthode expérimentale, il a pu relever et décrire des contradictions au modèle d'Aristote dans ses lettres. Son télescope lui aura par exemple permis d'observer les quatre grands satellites de Jupiter en orbite autour de la planète, en faveur de l'héliocentrisme copernicien, suggérant que les planètes orbitent autour du Soleil et qu'en ce sens la Terre n'est pas le centre de l'univers. Les contributions de Galilée ont jeté les bases de la révolution scientifique. Bien que ses travaux aient jeté une grande polémique et de nombreuses contestations, ils ont érigé le terrain pour que Newton, des dizaines d'années plus tard, rédige son *Philosophiae Naturalis Principia Mathematica* (1687) qui remplacera le paradigme d'Aristote par un modèle mathématique précis et en introduisant des concepts tels que la gravité et les lois du mouvement. La science semble donc bien caractérisée par des périodes de changements paradigmatiques.

Chez Kuhn, ce phénomène semble cyclique au regard de l'histoire. À la science normale se substitue une autre science normale par le biais d'une période révolutionnaire, c'est ainsi que le monde scientifique fonctionne. Cela signifie que notre confiance vis-à-vis des connaissances scientifiquement établies n'est pas fondée. Nous pensons le monde – tout autant que le font les chercheurs – au sein d'un cadre rigide. Ne faut-il pas garder une certaine réserve à l'égard de ces modèles de pensée, au cas où ils seraient faux et/ou ils ne fonctionneraient pas ? Cette question est intéressante si on l'applique, tel que le fait Barnett, au domaine juridique. Ce dernier constate un ensemble d'éléments faisant signe vers une crise du paradigme de la punition, il remet en question le système traditionnel de justice pénale axé sur la punition et la rétribution [1]. Travailler au sein d'un paradigme, c'est être convaincu de sa rationalité. L'apparente nécessité de justifier l'utilisation du *pain*, de la punition comme application d'une douleur légitime semble être un symptôme de cette crise. Tel qu'il a été constaté précédemment, il existe diverses manières de légitimer la punition, mais chacune des justifications présente des difficultés. Par exemple, pour Barnett, un argument politique consisterait à revendiquer la punition comme un moyen de priver l'auteur d'un crime de frapper de nouveau. Derrière les barreaux, le détenu serait mis hors d'état de nuire et la sécurité publique serait garantie. Le problème, c'est que l'incarcération n'est souvent que temporaire. La plupart des criminels finissent par retrouver leur liberté, cet argument de la sécurité est donc limité. Une autre justification traditionnelle de la punition renvoie à sa fonction dissuasive : la punition devrait être dissuasive d'un point de vue interne, c'est-à-dire qu'elle chercherait avant tout à dissuader un détenu de recommencer, et dissuasive à un niveau externe, elle dissuade tout autre de faire de même. Mais, dans un cas comme dans l'autre, les choses ne sont pas si évidentes. D'abord, il faut émettre quelques réserves sur l'effectivité de la dissuasion interne car le contexte carcéral ne semble enseigner que la violence et les incite à récidiver dès leur sortie. L'argument de la dissuasion externe n'est pas non plus adapté, car même si on admet qu'il trouve son efficacité cela revient à justifier le mal fait à un coupable parce qu'il a un effet sur les autres. Finalement, « The moral justifications of punishment view punishment as an end in itself [2] ». Malgré les tentatives de justification, la punition finit par être utilisée simplement pour infliger un châtiment au délinquant sans considération pour les conséquences à long terme sur le délinquant, la victime ou la société dans son ensemble. Ce modèle basé sur la rétribution par la punition ne permet pas de trouver des solutions aux problèmes sous-jacents, il n'offre pas la possibilité de traiter le problème de la criminalité en tant que tel. Punir un violeur, bien que cela semble juste ne permet pas en tant que tel de le réformer (en témoigne l'exemple

1. BARNETT Randy, *op.cit.*

2. *Ibid.*, p. 283.

de Klaus Grabowski, qui avait été condamné à de multiples reprises pour actes de pédophilie, ce qui ne l'a pas empêché de recommencer), d'aider la victime (la blessure psychologique d'un viol ne disparaîtra pas avec simplement une peine de prison du malfaiteur) ou de traiter l'origine du problème (la justice criminelle est encore une fois centrée sur une procédure rigide et n'invite pas à étudier et à tenter de réviser certaines problématiques de société comme l'éducation au consentement ou encore celle la masculinité toxique.). À cette argumentation s'ajoutent des considérations pratiques : le nombre d'affaires classées sans suite (environ 8 cas sur 10) [1], « l'inflation pénale », le système de proportionnalité qui conduit à enfermer aussi bien des personnes responsables de délits d'appropriation banals, que des criminels [2] (aboutissant à une surpopulation des prisons), mais également l'échec de la justice pénale à avoir un effet avéré sur la récidive, les conditions de vie dans les maisons d'arrêt ainsi que le manque de considération et de soutien pour les victimes sont autant de sensations auxquelles même le grand public fait expérience aujourd'hui. La justice pénale dans son fonctionnement, ses procès, son outil carcéral ne fait que générer le sentiment de son échec.

Randy Barnett explique ensuite que, tout comme le décrit Kuhn pour le monde scientifique, les philosophes et théoriciens du droit pénal attachés au paradigme actuel vont tenter de trouver des justifications aux difficultés que présente le paradigme de la punition : en témoignent trois tentatives historiques pour le sauver.

(1) D'abord la *proportionnalité* entre les crimes et les punitions. Au Moyen-âge, le châtiment était l'occasion du spectacle de la suprématie du souverain, la peine devait être disproportionnée, horrifiante comparée au crime pour que la majesté transparaisse de la manière la plus éclatante possible.

---

1. CARIO, Robert, *Victimologie. De l'effraction du lien intersubjectif à la restauration sociale*, 4e édition, L'harmattan, 2012, p. 30.

2. Le plus gros pourcentage de prisonniers constitue ces délits simples : 80 % environ pour 20 % de délits graves et 0,36 % de crimes. Sur ce point voir CARIO, Robert, *La justice restaurative. Principes et promesses*, 2010.

C'est avec l'arrivée des réformateurs que des peines proportionnelles commencent à être recherchées : comment dissuader, que ce soit l'infracteur ou le public lui-même, si derrière la punition ne se dessine pas l'acte répréhensible ? À travers des châtiments représentatifs, le modèle pénal devrait trouver son efficacité. Le développement du modèle de la prison pousse à son paroxysme la prétention à la proportionnalité, puisqu'il s'agit désormais d'attribuer à cette équivalence une qualité mathématique. À tout crime correspond un temps de vie censé refléter la gravité de l'acte. La plus ancienne des tentatives de justifier le modèle rétributif de la punition correspond à cet « appel à la proportionnalité » inauguré par le siècle des Lumières ; les défenseurs du modèle plaidaient en faveur de la qualité mathématique de la justice rétributive. Justice en tant qu'équité devait être respectée par cette concordance entre le crime et le châtiment. Mais, comme le précise Barnett, la punition et l'acte criminel restent incommensurables : « It was doomed to failure, for there is no objective standard by which punishments can be proportioned to fit the crime [1]», ceci quelle que soit la forme de la punition (incarcération ou loi du talion). Même une peine qui pourrait paraître refléter une égalité parfaite, la peine capitale pour le meurtre, une vie pour une autre, ne reflète pas vraiment d'équivalence. Aucune vie ne peut être comparée à une autre, aucune vie ne saurait en remplacer une autre. Il faudrait ajouter que même si une correspondance absolue était trouvée, cela ne justifierait en rien que la peine est juste. Si la violence disproportionnée dont usait le souverain se trouve adoucie par la proportionnalité des crimes et des châtiments, cela ne suffit pas à rendre l'existence de la punition comme réponse aux actes criminels légitime. Pour Barnett, « this solution is purely *ad hoc* and intuitive [2] ».

(2) La deuxième tentative, non moins vaste, correspond à la *réhabilitation.* Notre auteur précise que cette deuxième justification paraît logique dans son enchainement avec la première, puisque la punition implique une souffrance du point

1. BARNETT Randy, *op.cit.*, p. 286.

2. *Ibid.*

de vue du criminel et qu'il s'agit désormais de réfléchir à son traitement. Si l'équivalence entre l'acte criminel et la punition ne parvient pas, toute seule, à réformer le criminel, il faut désormais trouver les moyens de le faire.

Au regard de l'histoire des prisons, les Codes de 1808 et de 1810 témoignent de la nouvelle ambition de corriger les détenus. La prison devrait en ce sens être différenciée, à travers l'isolement les responsables de délits et de crimes graves commencent à être séparés afin de ne pas alimenter la machinerie criminelle. Le XIXe siècle marque une période de grand développement de l'individualisation de la peine, pour corriger au mieux les corrigeables, bien que l'idée que personne ne soit incorrigible tende à s'imposer en France. L'âge, le sexe et la personnalité du criminel sont des données qui commencent à être prises en compte. Elle doit être « omni-disciplinaire » au sens où elle atteint « tous les aspects de l'individu [1] », elle n'est pas une simple privation de liberté. Les théoriciens pensaient que dans la solitude du coupable ayant pour seule compagnie son crime, les remords sont susceptibles de surgir et de peiner le criminel. Tout ceci s'inscrivait à l'époque dans une logique d'expiation [2].

Mais la réhabilitation implique également le travail, un agent essentiel à la transformation du détenu. En France, un salaire est accordé aux détenus-ouvriers afin qu'ils puissent prendre conscience de la valeur de l'argent obtenue à la sueur de leur front (c'est surtout le cas pour les auteurs de vols ou vagabonds). Mais ceci ouvre très vite la polémique : des protestations ouvrières sont constatées ainsi que de nombreuses pétitions entre 1840 et 1845 pour mettre fin à ce système. Les ouvriers considéraient que leur métier était souillé et qu'on leur volait leur place. Même aujourd'hui, la question est difficile.

Comme le souligne Randy Barnett, le travail que produisent

---

1. FOUCAULT Michel, *op.cit.*, p. 273.

2. On pourrait citer dans cet objectif les deux modèles ayant influencé le fonctionnement carcéral français : celui d'Auburn avec un isolement partiel des prisonniers puisque les prisonniers se retrouvent parfois réunis mais n'ont pas le droit de communiquer, ainsi que celui de Philadelphie avec l'isolement absolu.

les prisonniers en prison est improductif, au regard du coût qu'il y a à les entretenir. Les produits obtenus sont en général dénués de valeur et leur salaire est trop maigre pour que certains puissent entretenir leur famille. De même, les personnels encadrant les prisonniers ne sont pas formés à les réformer. Leur travail consiste seulement à maintenir l'ordre. Dans ces conditions, la réforme de l'individu semble utopique. Pour Van Ness, le modèle de la réhabilitation qui s'était imposé depuis 200 ans a été utile pour comprendre mieux les comportements des infracteurs. La naissance de la criminologie au XIXe siècle, les études psychologiques et sociologiques ont permis de déterminer pourquoi certains agissent ainsi. Mais il échoue à souligner les injures commises par un crime [1].

(3) La réhabilitation témoignait d'une concentration de l'attention sur le criminel. Il s'agit de le comprendre pour mieux l'améliorer, de partir du principe que nul n'est naturellement mauvais, que tout le monde est susceptible de changer. L'ampleur de cette attention à l'égard de l'auteur des préjudices ne pouvait que générer une difficulté : l'oubli des victimes. C'est au milieu du XXe siècle que les regards commencent à se tourner vers ces dernières ; une période marquée par la naissance de la Victimologie, sous-catégorie de la Criminologie. La troisième tentative que cite Barnett se caractérise donc par la *compensation des victimes*. Le droit à l'indemnisation se développe ; en France, la Loi du 3 janvier 1977 (« droit à la réparation forfaitaire du dommage provoqué par des faits, volontaires ou non, présentant le caractère d'une infraction ») puis la Loi du 6 juillet 1990 (« réparation intégrale des infractions graves contre les personnes et supprime le caractère subsidiaire de la procédure d'indemnisation [2] ») attestent de cette prétention à l'aide aux victimes. Cela pourrait sembler être une belle avancée, mais pour Barnett cela reste insuffisant. L'indemnisation proviendrait des recettes fiscales, elle ne serait offerte que si l'individu prouve qu'il est dans le besoin. En réalité, « the innocent taxpayer repays

1. VAN NESS, Daniel, « Victim offender mediation programmes », *Les cahiers de la justice*, n°2006-1, Paris, Dalloz-ENM, p. 143-151.

2. CARIO, Robert, *Victimologie. De l'effraction du lien intersubjectif à la restauration sociale*, 4e édition, Paris, L'harmattan, 2012, p. 21.

the innocent victim [...] while the guilty offender is subjected to the sanction with all its failings [1] ». De plus, dans de nombreux cas, les dommages causés par un crime vont au-delà de ce qui peut être facilement compensé financièrement. Les blessures physiques, les traumatismes émotionnels et d'autres conséquences peuvent être difficiles, voire impossibles à quantifier et à compenser monétairement. Bien que cette tentative prouve la reconnaissance d'un véritable problème dans notre société, il ignore la source de ces problèmes. Il ne remet aucunement en question le paradigme de la punition, rien n'a changé. Il s'agit toujours d'une conception extrêmement binaire du Bien et du Mal, de l'innocent et du coupable qui contribue finalement à nourrir le manque de reconnaissance des victimes.

Toutes ces tentatives correspondent à des solutions *ad hoc*, elles cherchent à justifier le paradigme de la punition en répondant à des difficultés mais ne parviennent pas à traiter la source de ces problèmes. Comment expliquer cet attachement à ce paradigme ? Certainement à cause d'un « pattern of thinking [2] », ces modèles de pensée essentiels dans toute situation pour traiter la quantité d'informations dont chacun fait l'expérience au quotidien. Van Ness décrit cela comme des ruisseaux où, une fois creusés par les précipitations, l'eau coulera toujours. Le signe qu'un modèle de pensée est déficient correspond à un nombre anormalement élevé d'informations entrant en contradiction avec. L'avantage, c'est qu'après avoir réussi à questionner notre modèle, il est alors vraiment possible de faire de véritables choix. La propriété rétributive de la prison, le paradigme punitif semble être insuffisant, il génère trop de difficultés visibles :

« Crime is not simply lawbreaking ; it also causes injury to others. Although it may be a manifestation of an underlying injury, it also creates nex injuries. A purpose of criminal justice should be, in Justice Kelly's words, to heal those injuries [3] ».

---

1. BARNETT Randy, *op.cit.* p. 287.

2. Pour reprendre l'expression de VAN NESS, Daniel, *op.cit.*

3. *Ibid.*, p. 3-4.

Des théoriciens, tels que Randy Barnett, en viendront à proposer l'alternative de la restitution. Au lieu d'envisager l'offense comme dirigée vers l'État, il faut la recentrer vers la victime. Cette dernière a subi une perte, il s'agit de la rembourser. Le coupable s'est rendu redevable d'une dette, mais ce n'est plus à la société qu'il doit la rembourser mais au préjudicié. Barnett propose ainsi deux modèles de restitution. D'un côté, un modèle « punitif » qui conserverait le paradigme de la punition, le délinquant serait tenu d'exécuter sa peine de prison, tout en étant obligé de réparer les dommages par une compensation monétaire. L'auteur émettra quelques réserves à cette alternative, considérant qu'elle correspondrait encore à une tentative de justifier le paradigme rétributif. De l'autre côté, un modèle « pur » mettant l'accent sur la compensation par le criminel, sans imposition de sanctions punitives supplémentaires. Cette version considère que le malfaiteur ne mérite pas, en tant que tel, de souffrir, sa sanction s'il s'avère coupable se résume à apporter une restitution à la victime. Dans ce cadre, la procédure est essentiellement privée, les individus souscriraient à des contrats d'assurance qui garantiraient le remboursement des dommages en cas de crime commis à leur encontre. De cette manière, en cas d'incapacité immédiate de payer, l'assureur de la victime interviendrait pour lui fournir la restitution.

Mais le modèle de la restitution présente un indéniable problème : celui de la proportionnalité entre l'acte et la restitution, qu'il partage avec le paradigme de la rétribution : si le fait de prendre une vie et dix ans de prison semblent incommensurables, de la même manière un meurtre et une compensation de 20 000 euros le sont également. Mais il précise que même en reconnaissant ce fait, la restitution reste une proposition supérieure à celle de la rétribution : « The problem is only one of incommensurability. Restitution provides *some* tangible, albeit inadequate, compensation for personal injury . Punishment provides none at all [1] ». Les crimes pour les biens sont faciles à quantifier, il est parfaitement faisable de comparer une certaine somme d'argent contre le cambriolage d'une maison.

1. BARNETT Randy, *op.cit.*, p. 292.

Ce sont les cas de crimes contre les individus, leur intégrité physique ou psychologique, comment pourrait-on fixer un barème de comparaison ? Barnett ne rejette pas la part arbitraire qu'il peut y avoir, il n'en reste pas moins que la restitution est selon lui une meilleure alternative. Il souligne par opposition les avantages d'un tel modèle : (1) le point le plus évident, c'est qu'il apporterait davantage d'assistance aux victimes. Même si rien ne peut remplacer certains traumatismes, tout serait mis en œuvre pour lui rendre la vie plus facile, ainsi qu'à son entourage qui a également été impacté par l'acte criminel. (2) De plus, la possibilité de la compensation encouragerait les individus à dénoncer les crimes dont ils auraient été les victimes. De nombreuses affaires restent en dehors de la justice, en raison du manque d'efficacité du traitement des affaires pénales. Beaucoup de victimes n'osent pas déposer plainte en raison de représailles, avec la sensation qu'elles ne seront pas crues ou que la procédure judiciaire leur coûtera beaucoup plus que ce qu'ils n'ont vécu. (3) La restitution favoriserait bien mieux la réhabilitation qui avait tant été convoitée que le système punitif. La confrontation, le travail pour la compensation sont des éléments qui permettraient au malfaiteur de se rendre compte des implications directes de son acte. (4) Du point de vue du coupable, la procédure lui garantirait une forme d'autonomie. S'il n'a pas les moyens d'octroyer un remboursement dans l'immédiat, il sera en effet obligé de travailler. Dans ce cadre, le plus dur il travaillera, le plus rapidement il accordera une restitution. (5) Là où l'indemnisation des victimes dans la dernière tentative de sauver le paradigme punitif reposait sur les recettes fiscales – et donc sur d'autres individus innocents qui n'ont aucun rapport avec l'affaire – il s'agira ici exclusivement du criminel et de sa capacité à rembourser la victime. (6) Enfin, les criminels sauraient qu'une peine de prison n'est pas seulement ce qu'ils auraient à endurer, ils seraient obligés de rembourser l'intégralité des produits ainsi que les frais de justice, ce qui inciterait grandement à la dissuasion, notamment dans les cas comme la « criminalité à col blanc ».

Même si l'approche de Randy Barnett semble tournée davantage vers la victime et vers une meilleure autonomie des parties concernées, son paradigme proposé reste centré sur une restitution monétaire. La concentration de la restitution sur l'indemnisation des victimes, bien qu'elle témoigne d'une plus grande considération pour les préjudiciés, ne permet pas pour autant de leur apporter une *restauration*. L'auteur lui-même a souligné les limites de son modèle, de l'arbitraire qu'il partage notamment avec le paradigme punitif de la proportionnalité des crimes et du paiement. Même dans le cas des crimes contre les biens, des cambriolages ou des vols, une indemnisation monétaire ne suffira jamais à réparer les dommages psychologiques auxquels les individus font souvent face. Sa proposition semble donc ambitieuse mais incomplète.

Avant même de discuter de changement de paradigme – une question qui sera abordée plus tard – il faudrait d'abord essayer de changer d'approche dans notre manière de penser les actes criminels. Le crime ne doit pas être avant tout la violation d'une règle, il ne doit pas être l'offense envers une entité abstraite telle que l'État ou la Société. Le crime est avant tout une offense directe envers des individus, la violation d'une relation entre des personnes. C'est une fois de plus un *conflit* entre deux parties concernées, qui à plus grande échelle déstabilise les potentielles relations des protagonistes avec d'autres individus. Il affecte la confiance envers autrui, le sens de sa propre identité, entraîne des biais comme le racisme et la paranoïa. En ce sens, le paradigme rétributif est inadéquat à traiter ces questions, c'est donc sous un œil restauratif qu'il faut essayer de penser le crime et sa réponse. Cette nouvelle « lentille » invite à redéfinir les critères de la justice criminelle. Il ne s'agira plus de penser que le coupable *mérite* la peine qu'il encourt, que sa souffrance est susceptible d'annuler l'offense. Lorsqu'un crime a eu lieu, plutôt que de se demander « quelle loi a été enfreinte », il faudra se demander « qui a été blessé ? Comment ? ». Le rôle de la justice – prise dans son sens restauratif – doit-être d'aider les individus à rétablir leurs relations, et de favoriser leur réparation.

C. Justice restaurative et controverses

Avant de constituer une mesure pratique, la justice restaurative comporte donc un aspect théorique, une philosophie visant à critiquer et/ou à améliorer les normes de la justice traditionnelle. C'est, comme le décrit Howard Zehr – qui lui-même a donné son nom à la justice restaurative –, un changement de « lentille » qui permet d'embrasser une vision plus globale du crime ainsi que de ses protagonistes. La justice ne doit plus être bornée à la rétribution d'un acte offensant la loi, il s'agit d'envisager le contexte de l'acte pour l'auteur, les répercussions pour la victime, son entourage de même que pour celui de son antagoniste ainsi que pour la communauté. Sans parler pour le moment de changement de paradigme, cette approche permet d'élargir le phénomène criminel aux acteurs, à leurs origines, aux effets à plus ou moins long terme sur les individus afin d'envisager une véritable réparation que ce soit d'un côté ou de l'autre. Il y a donc d'une part la justice restaurative dans son aspect théorique et de l'autre une version pratique avec les mesures concrètes auxquelles peuvent participer les concernés ; entre la réalité des pratiques et la philosophie sous-jacente. Si beaucoup s'accordent plus ou moins sur ses revendications générales, c'est dans la mise en œuvre qu'il faut observer les plus grandes divergences. Puisque son développement dans le temps diverge selon la localité, la méthode varie d'un État à un autre. Au Canada, les rencontres de justice restaurative sont plus ancrées dans la tradition, elles ont été intégrées depuis plusieurs décennies avec des programmes et des pratiques de réparation, de réconciliation, utilisés dans divers contextes. En Nouvelle-Zélande, elles constituent l'unique moyen de traitement de la délinquance juvénile. En France, en revanche, les initiatives de justice restaurative sont très récentes, elles sont moins institutionnalisées et reposent encore essentiellement sur le bénévolat. Il faut alors comprendre que la justice restaurative soit un sujet particulièrement obscur pour les Français. Il est difficile d'obtenir des informations de première main, qui ne soient pas déformées par les idées reçues [1]. Cela ouvre évidemment la voie

---

1. Il aura fallu attendre la sortie du film "*Je verrai toujours vos visages*", par Jeanne Herry en mars 2023 pour que le grand public commence à connaître

à de nombreuses controverses et préjugés sur le sujet qu'il s'agira ici d'éclaircir. Deux inconvénients principaux seront ici traités avant de répondre à quelques autres erreurs de jugement moins consistantes.

Beaucoup de critiques de la justice restaurative tendent à lui reprocher d'ouvrir la voie à un renforcement de la réponse pénale et à l'archaïsme de la mécanique vengeresse. Supposée être centrée sur la victime, pensant que cette nouvelle éthique prend davantage en compte les besoins des préjudiciés, il serait aisé d'entrevoir les risques d'un durcissement de la procédure pénale. Dans la mesure où beaucoup pensent que la justice restaurative devrait coexister avec une réponse pénale, la révolution normative qu'entraînerait l'avènement de cette nouvelle « lentille » - qui se tourne davantage vers les protagonistes mais surtout la victime, délaissée par le système traditionnel – mènerait à se pencher un peu trop vers la victime et éprouver de l'empathie pour elle, au détriment du criminel qui verrait son sort empirer. La justice rétributive, à l'inverse, semblait favoriser la neutralité, à une loi brisée une procédure pénale à appliquer (bien que ceci reste utopique). Les lois, leur stricte application, sont conçues pour protéger les droits de l'accusé et garantir un processus équitable, en limitant l'arbitraire des juges et en empêchant les réactions impulsives ou excessives du peuple face au crime. La justice restaurative favoriserait le renforcement de la réponse pénale au profit d'un désir vindicatif de la victime, en laissant l'empathie s'installer dans le processus. Elle serait inadaptée à traiter le crime, étant trop centrée sur les émotions, là où le tribunal est représenté comme le lieu de la neutralité. Pour répondre à ces propos, il faudrait déjà montrer qu'il est difficile de soutenir que les lois et leur application sont toujours neutres. Le sujet est débattu dans les querelles sur le lien entre le droit et la morale, il n'est en tout cas pas évident de défendre l'idée que la procédure judiciaire serait parfaitement neutre, à la fois dans la conception des lois et leur application. Il est aisé de penser qu'il existe toujours dans le droit un certain espace ouvrant à

---

l'existence de la Justice Restaurative. Ce film a été réalisé à partir d'entretiens avec les membres de l'IFJR ainsi que des anciens participants à ces initiatives afin d'en représenter une image la plus fidèle possible.

l'interprétation, ce qui même sans signifier que l'application serait arbitraire, couperait court à cette idée de neutralité. Il est possible d'aller jusqu'à soutenir, comme le font les partisans du réalisme américain, que le droit serait avant tout un moyen de satisfaire les politiques mises en œuvre au sein d'un pays, que l'application d'une loi reposerait avant tout sur l'interprétation du juge [1]. De même, les lois ne sont pas statiques, elles évoluent dans le temps en réponse aux changements sociaux, politiques, économiques et culturels, il n'est donc pas si aisé de penser qu'elles seraient exemptes d'arbitraire et ne pourraient constituer un instrument politique. Le sujet ici n'est pas de retracer tous les débats en philosophie du droit sur le rapport entre le droit et la morale, entre les lois et leur interprétation, ni de revendiquer une prise de position mais cette digression était essentielle pour soutenir qu'il n'est pas si évident de présenter la justice rétributive comme un système d'application formellement neutre.

Derrière la justice restaurative, c'est avant tout la montée victimaire qui semble susciter de l'appréhension. Pour Erner, notre société actuelle a accueilli une nouvelle catégorie sociale, celle des victimes (au sens large du terme, d'individus partageant ce point commun d'avoir subi l'expérience d'être victimisé). Cela résulte d'une peur contemporaine de la souffrance. Si elle a pu être acceptée comme un évènement naturel, tout se passe comme si elle n'avait plus sa place dans notre monde actuel; un symptôme de ce refus en est la mutation de la société en société de victimes, où règnerait la « dictature de l'émotion [2] ». La démocratie en est l'origine, qui selon lui se compose de nombreuses idées chrétiennes bien ancrées comme la compassion. Une rivalité dans la victimisation semble également selon lui s'installer, c'est ce qu'on appelle la « surenchère victimaire », qui fait référence à une rivalité entre différents groupes pour revendiquer le statut de victime ; souvent dans le but de gagner un avantage politique, social ou moral. Les individus utiliseraient leurs expériences de victimisation pour

---

1. Voir sur ce point le débat entre le Hebert Hart et Ronald Dworkin à propos des *hard cases*, particulièrement intense dans les années 1970.

2. ERNER, Guillaume, *La société des victimes*, La découverte, 2006, p. 204.

minimiser celles d'autres personnes ou d'autres groupes, ce qui contribue à détruire la solidarité sociale et la justice. La victimisation serait devenue un objet de revendication, une identité sociale. Erner en vient même à critiquer l'avènement de la victimologie comme un autre symptôme de nos sociétés contemporaines cherchant à bannir la souffrance [1].

De nombreux auteurs et professionnels du droit du début des années 2000 qui critiquent tels que lui le phénomène de reconnaissance de la victime. La victimisation devient sujet d'inquiétude, « entre tentation populiste et déni des droits des justiciables ». Pour Salas, la montée victimaire viendrait endurcir le traitement des accusés, jusqu'à remettre en question la présomption d'innocence :

« À l'origine, la présomption d'innocence veut modérer la violence légale pour éviter les abus de pouvoir, les injustices, voire les erreurs. Mais cet équilibre est ici pris à revers : ce qui compte, ce ne sont pas les garanties légales mais les droits des victimes; non une accusation encadrée par une procédure mais le refus d'une impunité révoltante ; non la peine bornée par un pardon légal mais une punition désorbitée par l'ampleur du mal. On passe d'un monde juridique fini à une quête morale démesurément répandue dans la sphère pénale. Attirés par la particularité souffrante, jetés hors de leur périmètre, les principes du droit sont amputés de leur fonction modératrice [2]. »

Elle créerait un climat social où l'accusé serait présumé coupable dès le départ, simplement en raison des allégations portées contre lui. Si les médias ou l'opinion publique adoptent une attitude de soutien inconditionnel envers la victime, cela pourrait influencer négativement le processus judiciaire en sapant la présomption d'innocence et en compromettant le droit à un procès équitable pour l'accusé. Il sera difficile pour ce dernier de bénéficier d'une défense équitable et impartiale. La folie elle-même commencerait à cesser d'être un facteur de

1. ERNER, Guillaume, « Compassion et société des victimes » dans *Le journal des psychologues*, 2007/6, n°249, p. 45-46.

2. SALAS, Denis, « L'inquiétant avènement de la victime », dans *Sciences Humaines*, Hors-série « Violences », 2004-47 p. 90-93.

déresponsabilisation, les malades mentaux finiraient par être responsabilisés dans la perspective où le non-lieu devient insupportable.

L'idolâtrie de la victime engendrerait un déséquilibre dans la justice pénale qui était censée protéger tout accusé de l'arbitraire, tendant à aggraver la sentence et la condition du condamné, par-delà même la punition, puisque la société parviendrait de moins en moins à pardonner aux coupables. La culpabilité transpercerait jusqu'à l'identité de l'individu qui, malgré ses efforts, ne serait même pas autorisé à trouver les moyens de se racheter. La surenchère victimaire de son côté deviendrait un instrument politique et moral, retournant les individus les uns contre les autres dans une compétition sans fin à qui aurait le droit de revendiquer le statut de victime, et renforçant inexorablement la volonté de punir. En ce sens, l'un des piliers de la justice restaurative – la reconnaissance de sa victime et de son vécu, la prise en compte de ses besoins – génèrerait l'effet inverse de ce qui avait été décrit précédemment, une remise au centre des protagonistes dans le cadre du conflit. Si depuis plus de deux siècles, l'éthique de la réhabilitation était la grande finalité de la justice criminelle et de l'incarcération, sur considérant le criminel au détriment des besoins de la victime, ce serait aujourd'hui l'heure d'un complet renversement. Pour Robert Cario, bien qu'il faille reconnaître la réalité de la stratégie et de la surenchère victimaire, il faut avant tout se rappeler que la revendication des victimes est moins le signe de la volonté d'une vendetta, d'un renforcement punitif appuyé par une tendance populiste qu'une simple réaction à leur délaissement au sein de la Justice. Il convient d'activer leur reconnaissance, pour la raison la plus légitime qu'il s'agit de la première étape pour la victime afin de « sortir de la détresse et retrouver son désir de vivre [1] ». Il souligne l'importance de reconnaître les souffrances des victimes tout en garantissant les droits fondamentaux des accusés. Il faut comprendre qu'il est possible de plaider en faveur d'une approche équilibrée qui reconnaît la légitimité des préoccupations des victimes tout en préservant les garanties procédurales des droits

1. CARIO Robert, 2010, op.*cit.*

des accusés. La justice restaurative est en ce sens adaptée en tant qu'elle est une mesure pratique complétant la justice pénale. Les auteurs de crimes continuent d'être protégés par les institutions juridiques tout en laissant la possibilité aux victimes de pouvoir se reconstruire par le dialogue et la confrontation. Si la justice restaurative est résultante de cette reconnaissance grandissante des victimes, elle se développe dans ses pratiques en une coopération, qui ne permet pas d'installer un déséquilibre entre le criminel et la victime. Les besoins des deux protagonistes sont écoutés, le processus en France notamment implique le volontariat des deux partis, ce qui signifie que la prise en compte de la victime ne surplombe pas celle du criminel. La montée victimaire doit être traitée avec prudence, pour qu'elle ne donne pas naissance à l'utilisation de ce statut comme instrument politique, mais la justice restaurative – bien qu'héritière de ce souci des victimes – ne reste que le déploiement d'une solution alternative aux lacunes du système pénal.

Derrière la montée de l'intérêt pour les victimes, c'est l'inquiétude de la résurgence de l'archaïsme des vendettas qui semble résonner le plus. À la vengeance, aux sociétés archaïques se serait substitué l'État de droit, à l'escalade sans fin des violences se serait substituée la peine. De la *guerre de tous contre tous* à la société civile. L'idéal de neutralité des lois et du processus judiciaire s'opposerait donc à l'intempérance des passions que la montée victimaire semblerait réactiver. L'aspect privé de la vengeance serait aux antipodes de la peine publique. Mais contrairement à ce qui est donné à penser, la vengeance n'avait pas le même sens dans les temps anciens que celui qui lui est attribué aujourd'hui. Si elle semble aujourd'hui secrète, indéterminée, interdite, la Grèce préarchaïque présentait des justices « vindicatives », normées, structurées dans un but social précis. Glotz le raconte dans un mythe, celui de la Grèce préarchaïque, un temps où le modèle familial constituait la seule forme de juridiction [1]. Si un meurtre était perpétré d'un individu à un autre, c'est toute la famille de la victime qui embrassait la

1. GLOTZ, Gustave, *La solidarité de la famille dans le droit criminel grec*, 1905.

position de l'offensé. Alors un membre était désigné pour exercer sa vengeance envers le responsable et sa famille. L'acte vengeur est une obligation, il est essentiel pour retrouver l'équilibre créé par l'humiliation de l'acte criminel. La vengeance de sang ne se comprend pas dans ce cadre comme un mouvement désordonné de fureur mais comme un acte préparé, censé rétablir l'honneur à son issue de la famille offensée. Ce rôle vengeur supporte la pression de tout son clan, il pèse tant l'individu choisi pour l'accomplir que ce dernier le transmet à sa descendance s'il se retrouve incapable de le faire de son vivant. Seule la vengeance peut délivrer la dette produite par le crime. Notons qu'il existe cependant la possibilité d'une compensation qui, acceptée, annulerait l'intention vindicatoire d'une famille. De cette histoire, il faut en faire quelques remarques [1] : dans ces vendettas ne s'agit pas tant de méchanceté qu'un devoir ritualisé, il ne s'agit pas non plus d'une volonté d'humiliation qu'une revanche ou d'un défi, de haine plutôt que d'un échange, et enfin ce n'est pas tant la manifestation d'une « mémoire douloureuse » plutôt que de la recherche de l'oubli. La possibilité d'utiliser la notion de la victime pour structurer le modèle pénal ne s'avérait générer que la promesse d'une généralisation de la vengeance. La reconnaissance contemporaine de la victime, voire la possibilité de son implication directe dans le déroulement du processus judiciaire, semblait pour beaucoup mener aux « apories éthiques de la vengeance [2] ». Si la souffrance fait d'un individu une victime, la victime qui par sa vengeance provoque la souffrance de son auteur le rend victime à son tour. S'ensuivrait une spirale sans fin de haine et de violence. Mais ce récit fait émerger une question, bien plus légitime qu'elle n'y paraît : la vengeance est-elle vraiment un mal ou est-elle susceptible d'être juste, de faire justice ?

Si le mythe exposé par Glotz doit faire comprendre quelque chose, c'est que la version de la vengeance telle qu'elle est perçue aujourd'hui comme déchainement de violence irrationnel et démesuré n'est peut-être pas la plus adaptée pour comprendre ce

1. V. sur ces aspects, les analyses de GROS, Frédéric, *op.cit.* p. 119-123.

2. *Ibid.*, p. 114.

qui se joue derrière. La vengeance dans la Grèce préarchaïque renvoyait davantage au paiement d'une dette, ce qui s'incarne parfaitement par la possibilité d'une compensation, de fixer un prix pour annuler le projet vengeur d'une famille. La confrontation, qui constitue le véritable intérêt de la vengeance, vise moins à anéantir l'autre ou à satisfaire une passion immodérée que de reconquérir son identité, celle qui avait été « niée [1] » par le crime. Il s'agit de se replacer en *égal* du criminel, de le percevoir comme un adversaire. La vengeance ne concerne que des égaux, à l'inverse, la punition suppose un rapport vertical. On punit les enfants, ainsi que ceux qui sont soumis à la loi. On ne se venge que d'un égal. C'est ce que signifie Aristote lorsqu'il soutient que « se venger, c'est redevenir actif [2] ». À propos de cette citation, Antoine Garapon précisera que « se venger » correspondrait aujourd'hui à « désigner son agresseur », qui constitue la première étape d'activation de la victime. L'accusation de sa part signe la fin de sa passivité, cela met un « terme à sa condition de victime [3] ». La reconquête de sa puissance propre et de son identité peut commencer. Dans la procédure traditionnelle, porter plainte constitue le seul acte au travers duquel le préjudicié peut s'affirmer. Il s'agit du seul moment où il manifeste pleinement son autonomie ; du reste, le traitement de l'affaire et l'issue du procès sont hors de sa portée. Mais les nouvelles pensées plus inclusives à cet égard, ainsi que le développement de mesures telles que la justice restaurative, permettent de penser que les institutions seront à terme plus favorables à la participation active des protagonistes, en particulier des victimes.

La remise en perspective de la victime ne pourrait pas pour autant en venir à durcir les mesures pénales – et même si c'était le cas cela ne satisferait pas les concernés – puisque la punition en tant qu'étatique et non privée ne permet pas aux victimes de se placer en égal de leurs criminels par la confrontation. Le

1. GARAPON, Antoine, *op.cit.*, p. 268.

2. ARISTOTE, *Rhétorique*, 1, 10, 1369, b13, cité par GARAPON Antoine, *ibid*, p. 284.

3. *Ibid.*

conflit doit être réapproprié par les délaissés, afin qu'ils redeviennent acteurs, non plus spectateurs de leur vie. Garapon signale que de nombreuses victimes ne cherchent pas tant à voir leur bourreau anéanti que « leur drame serve à quelque chose [1] », que cela ne puisse plus se reproduire et faire d'autres victimes. C'est avant tout que ce qui leur est arrivé trouve du sens, que leur souffrance n'ait pas été vaine. Notre conception actuelle de la vengeance est donc inadéquate pour penser le sujet. La considération grandissante des besoins de la victime n'est pas le signe d'une réintégration de la mécanique vengeresse au sens où elle signifierait un retour à l'archaïque et aux déferlements de violence et de passions immodérées. Ce qui attise la haine, c'est à l'inverse l'exclusion dont les institutions pénales font preuve envers les victimes. En témoigne l'affaire du sang contaminé : lorsqu'il est devenu évident que de nombreux patients hémophiles avaient été exposés aux virus du VIH et de l'hépatite C par le biais de produits sanguins contaminés, la confiance des Français envers à la fois leur système de santé et de leur gouvernement a été ébranlée. La lenteur de la prise de décision concernant les mesures pour y mettre fin dans le système de transfusion français, l'indifférence apparente du gouvernement à rendre des mesures pour protéger les patients et les victimes de la contamination ont généré de la suspicion chez les individus, pensant que certains responsables haut placés devaient être au courant des risques d'infection dès le début des années 1980. Le désintérêt manifeste du gouvernement n'a fait que nourrir le scandale et générer de la colère et de la frustration chez les victimes. Marquée par une double offense, celle de son auteur qui par son acte a méprisé son identité ainsi que par les institutions pénales et l'État – dont l'indifférence consubstantielle la plaçait traditionnellement en retrait – la victime ne peut qu'entretenir de la rage et un désir de vengeance excessif. Sa reconnaissance à l'inverse dans le processus pénal ne peut qu'apaiser cette impression de mépris.

Ce dont il est question en réalité dans la justice restaurative, c'est moins la vengeance que ce qui la constitue, la confrontation,

---

1. GARAPON, Antoine, *op.cit.*, p. 263.

visant à l'activation des victimes, pacifiées par un système arbitraire. Bien qu'elle se rattache aux mouvements de reconnaissance et de revendications des victimes et qu'elle possède tout un arrière-plan théorique, elle est avant tout une mesure visant à responsabiliser les protagonistes d'un conflit criminel. La justice restaurative ne doit pas avoir de but prédéfini, tel que la généralisation du pardon, un effet sur la récidive ou encore la guérison puisqu'il s'agit simplement de la mise en œuvre d'un cadre sécurisé et légal permettant à des victimes et à des criminels de se rencontrer, en tant que porteurs égaux de droits et de pouvoir communiquer leurs ressentis, leurs visions de ce qui s'est passé. Peut-être que la rencontre ne mènera pas à l'apaisement de la victime. Peut-être que l'auteur ne reconnaîtra pas la gravité de ses actes. Mais le principe au cœur de la justice restaurative, c'est justement l'autonomie des individus, opposée à une justice pénale paternalisante. Les médiateurs eux-mêmes doivent rester en retrait, ils ne sont là que pour orienter les échanges et faire en sorte que le cadre légal soit respecté. Il serait fallacieux dans cette mesure de considérer que l'arrivée des victimes dans le discours politique et l'apparition de telles mesures soient dangereuses ou signe d'une évolution régressive vers l'archaïque dans le contexte où tout ceci résulte d'un mépris traditionnel pour leur condition. Il s'agit simplement de revaloriser les victimes, de responsabiliser les individus, de leur permettre une forme d'autonomie.

« Ainsi en va-t-il de la justice reconstructive qui postule que l'accord s'avèrera plus régénérateur que le formalisme pénal. À travers le protocole de réparation, c'est le pacte social qui est réactivé symboliquement. Le conflit devient une source de socialisation, l'occasion de réaffirmer le pacte initial, d'éprouver la compétence citoyenne [1] ».

La justice restaurative n'est donc pas le signe d'une régression vers l'archaïque mais bien une évolution vers le démocratique. L'État reste présent, mais donne davantage la liberté aux citoyens de gérer leurs propres conflits. Justice restaurative et rétributive ne sont donc pas incohérentes, elles peuvent cohabiter, la

1. *Ibid.*, p. 318.

première se constituant comme une solution aux lacunes de la seconde.

La deuxième remarque classique réagissant à la justice restaurative consiste à soutenir qu'elle aurait une dimension exclusivement religieuse. Les critiques expriment leur scepticisme quant à cette nature, arguant qu'une alternative au système pénal basée sur des valeurs religieuses telles que le pardon et la pitié semble manquer de fondements rationnels solides. La simple implication de ces valeurs dans le mouvement restaurateur ne suffirait pas à les rendre viables dans un cadre juridique laïque. La religion peut-elle fournir une base solide et universelle pour réformer le système judiciaire, dans un contexte où la séparation entre l'Église et l'État constitue une norme fondamentale ? La justice ne doit-elle pas reposer sur des principes laïques et des données factuelles plutôt que sur des convictions religieuses ?

Certes, son origine ne fait pas de doute. Les mennonites ont grandement participé à la formation de la Justice restaurative notamment avec la MCC qui a donné lieu à la spécialisation de nombreux mennonites vers des fonctions de justice pénale. Celui que l'on considère comme le « Père » de la justice restaurative, Howard Zehr, qui a permis à la systématisation et la théorisation du sujet, ne nie pas lui-même ses implications religieuses. Parmi les doctrines, les protestants anabaptistes mennonites sont connus pour faire preuve d'un pacifisme qualifié parfois d'absolu (refus de se servir et même de porter des armes, notamment), incarné par la doctrine de non-résistance. La violence serait incompatible avec les principes de l'Évangile et il faut ainsi plutôt témoigner de l'amour, de la paix et du pardon, même face à l'oppression ou la justice. Les protestants évangéliques ont quant à eux joué un rôle fondamental dans sa diffusion. L'association Prison Fellowship International (PFI), fondée par Charles Colson, consiste à mobiliser des membres de la communauté chrétienne auprès des prisonniers dans le but de promouvoir la justice restaurative [1]. Cela passe par des lectures de textes de la Bible et une conversion au christianisme. Il serait

1. Sur son origine religieuse, voir LEFRANC Sandrine, *op.cit.*

facile de conclure que les intérêts de la justice restaurative sont étroitement corrélés à des intérêts religieux, et même aller jusqu'à constater qu'elle constitue un terrain de dissémination des valeurs religieuses, un biais efficace pour réintégrer des valeurs qui se seraient perdues dans nos sociétés actuelles. De la même manière, tout ce que la justice restaurative fait émerger dans nos consciences – la pitié pour la victime, l'égale considération pour les besoins de son auteur, qui laisse facilement penser qu'on lui accorde par là une « seconde chance », la discussion censée donner lieu à un pardon, la possibilité d'une forme d'expiation pour le criminel – tout ce qu'elle évoque semble faire lien avec une idéologie religieuse. Pour autant, il serait incorrect de penser que la justice restaurative se limite à ses origines mennonites, ou qu'elle incarne simplement un support d'expansion de la doctrine religieuse.

Si sa filiation n'a pas à être débattue, il faut d'abord noter que la justice restaurative a été intégrée et adaptée par des courants de pensée critiques aux origines et orientations différentes : « de l'abolitionnisme pénal au libertarianisme de droite, de la valorisation de la conflictualité sociale à celle d'un accord sur des valeurs, du « communautarisme » et des procédures « relationnistes » [1]. Ces groupes ont interprété la justice restaurative selon leurs propres valeurs et objectifs politiques, ce qui a conduit à des utilisations divergentes de cette approche. De nombreuses théorisations ont été développées, adaptées aux idéologies respectives. Elles convergent cependant sur leur adhésion à une forme de démocratie participative, où les individus concernés peuvent participer à la procédure judiciaire.

Ces appropriations ont finalement conduit la justice restaurative à ne plus correspondre dans ses applications à ce qu'elle prétendait initialement. Moins qu'une véritable alternative, elle est aujourd'hui considérée comme un complément au système traditionnel davantage qu'une proposition de réforme au paradigme existant. Même si la justice restaurative comporte parmi ses adhérents des mennonites, même si elle provient de divers mouvements confessionnels,

1. *Ibid.*, p. 407.

même s'il fallait admettre qu'elle était initialement religieuse, il n'empêche qu'elle a été influencée également par une variété de perspectives politiques et intellectuelles. C'est finalement une approche flexible qui peut être intégrée dans différents cadres idéologiques et en fonction des valeurs et objectifs spécifiques à un mouvement ou une idéologie politique. Elle ne peut donc se limiter à un cadre strictement religieux.

Il faut ajouter que des valeurs telles que la compassion, la reconnaissance ne sont pas bornées à un dogme religieux, elles valent également valoir dans un contexte laïque et démocratique.

« D'un point de vue philosophique, plus globalement, la reconnaissance de l'humanité de chacun, l'amour, la compassion, l'empathie, le respect de soi comme d'autrui, l'intégrité et la probité, l'égalité et la solidarité, l'intégration sociale harmonieuse de tous, la non-discrimination pour quelque motif que ce soit, notamment, sont fondamentalement constitutives de notre Bien commun [1] ».

Ces valeurs que contiennent implicitement les théorisations de la justice restaurative ne semblent pas devoir être rejetées sous prétexte qu'elles sembleraient religieuses. Elles ne doivent pas être l'apanage d'un mouvement ou d'une doctrine religieuse et sont parfaitement compatibles avec la pensée d'un système pénal. Si les institutions rigides ont habitué à une apparente neutralité, reconnaître ces valeurs ne signifie pas qu'un individu possède la foi ou qu'il est chrétien, mais seulement qu'il fait preuve d'humanité.

Il faut cependant préciser une chose à propos de certaines valeurs spirituelles accordées à la justice restaurative. S'il est tentant de penser qu'elle vise le pardon ou la réconciliation, de nombreux théoriciens tels que Howard Zehr et Robert Cario rejettent l'idée qu'ils feraient partie de ses principes de base. L'objectif des rencontres est de fournir de l'autonomie aux parties concernées, de là diverses émotions peuvent surgir, compte tenu des circonstances dramatiques : la colère, les pleurs, le soulagement, la peur, sont tout autant d'affects qui ne sont pas

1. CARIO Robert, préface de ZEHR Howard (2e éd., 2024), *op.cit.*

prévisibles et qu'il ne s'agit pas de contrôler. Dans le respect des normes de sécurité, l'animateur doit laisser aux victimes la possibilité de s'exprimer, quitte à s'attendre à des réactions imprévisibles mais essentielles à son bien-être. La justice restaurative ne doit pas être un processus strictement calculé, elle doit être « une invitation au dialogue et à l'exploration [1] ». Attendre de la victime qu'elle accorde son pardon engendrerait des effets pernicieux, cela exercerait une pression sur elle et entraînerait par là une seconde victimisation. Ressentir de la colère, du ressentiment est parfaitement normal ; attendre de ces mesures le pardon ou la réconciliation lui donnerait la sensation d'être jugée, qu'on attend d'elle qu'elle fasse des concessions. Si un comportement positif à l'égard de son auteur peut parfois être observé, Robert Cario précise qu'il ne faut pas non plus confondre ces réactions avec le pardon. Il s'agit davantage d'une « reprise de contrôle sur ses émotions », non de « pardonner à l'autre, mais de « se pardonner à soi-même » [2]. Cela ne signifie pas que ces mesures n'apportent qu'un déchainement de passions négatives, au contraire certaines choses comme de l'empathie et des excuses s'observent régulièrement, mais il ne faut pas les tenir pour objectifs. Même si le crime constitue la rupture d'une relation, celle entre la victime et le criminel, il serait utopique, et même malsain de fonder la justice restaurative sur leur réconciliation. Un préjudice réel a été commis, le but n'est pas qu'ils repartent main dans la main, mais de leur permettre d'expérimenter ce à quoi la justice pénale les privait : la confrontation. De manière générale, il ne faut pas associer une finalité précise à ces rencontres.

Il faudrait ajouter quelques autres critiques, qui pourraient instinctivement être faites à la justice restaurative, par méconnaissance de la réalité de ses pratiques.

(1) Un premier reproche consisterait à mettre l'accent sur la protection de la victime. L'éventuelle altercation pourrait lui créer des dommages psychologiques bien plus importants que de ne jamais pouvoir trouver des réponses à ses questions. De

---

1. ZEHR, Howard, *Ibid.*, p. 33.

2. CARIO Robert, 2010, *op.cit.*

même, il serait à craindre que son auteur la manipule ou affirme de nouveau une position de supériorité. Pour répondre à cela, il faut préciser une fois de plus que la justice restaurative se base sur la confiance de l'autonomie des individus.

Priver quelqu'un de ces rencontres sous prétexte qu'il ne serait pas assez fort mentalement pour supporter les effets imprédictibles de ces mesures est infantilisant. Il ne faut pas chercher à ce que la victime guérisse, seulement à ce qu'elle en ait la possibilité. Cette dernière est longuement briefée avant de pouvoir participer, il reste qu'elle est responsable de ses propres choix. Pas plus que d'obliger, il ne s'agit pas d'interdire la participation à certains individus.

Contre toute attente, plus le préjudice commis est grave, plus les effets sont efficaces. En ce sens les infractions mineures ne sont pas à régler en priorité. Un cas cependant est discuté : celui du viol et des violences domestiques, où la confrontation est déconseillée au regard de la nature de la relation et du crime. Les victimes peuvent rencontrer des difficultés à s'exprimer librement ou faire valoir leurs besoins, et les agresseurs peuvent reproduire un schéma où ce sont eux qui dominent la conversation. Pour autant, le choix est laissé à l'individu, il ne s'agit pas de décider à la place des autres. De même, les animateurs sont rigoureusement formés à éviter quoi qu'il arrive une seconde victimisation.

(2) La justice restaurative pourrait à terme diluer la responsabilité pénale, mettant seulement l'accent sur la réparation des préjudices plutôt que sur la sanction des comportements criminels. Cette critique ne vaut que dans un contexte où il semble inenvisageable de faire justice sans une forme de rétribution. Certains pourraient craindre que les délinquants échappent à une sanction pénale adéquate à leurs actions, que cela favorise l'impunité et que la gravité des actes commis finissent par être sous-estimés.

Ce genre de proposition va souvent de pair avec l'idée que les criminels participeraient à des rencontres non par choix mais en pensant que leur peine serait réaménagée, faisant preuve d'une initiative positive. Il faut préciser que, justement pour cette raison, une mesure de justice restaurative n'a jamais pour vocation d'avoir une influence sur les décisions judiciaires. Certains détenus qui le choisissent le font par un véritable besoin de trouver un moyen de se racheter, d'autres font simplement preuve de curiosité et souhaitent aborder le sujet en sortant du cadre rigide des institutions pénales. Une fois de plus, la justice restaurative n'a pour le moment pas la prétention de remplacer totalement la justice rétributive.

(3) Une dernière confusion commune consiste à lui attribuer un caractère privé, présentant la situation comme un litige et mettant sur une stricte égalité la victime et son auteur. Certes la justice restaurative prétend assurer les droits respectifs de chacun, certes l'idée n'est pas d'accorder une priorité absolue à la victime au détriment de l'infracteur. Pour autant, ce langage litigieux est inadapté, il serait à craindre que les préjudiciés se sentent offensés s'ils sont placés sur un même plan horizontal.

« Le langage neutre de la médiation peut s'avérer trompeur, voir choquant ou insultant dans bien des situations » Aussi, bien que le terme de « médiation » ait été adopté très tôt dans le domaine de la justice restaurative, il est de plus en plus souvent remplacé, avec bonheur, par des termes tels que « rencontre » ou « dialogue ». [1] ».

C'est pour cette raison qu'il est préférable de remplacer le terme de « médiateur » par « animateur », « coordonnateur » ou encore le terme anglais de « facilitator ». Il ne faut pas laisser entendre aux victimes que leur mal-être est minimisé au profit d'une procédure complètement impartiale. Il ne faut donc pas confondre justice restaurative et médiation au sens strict, où seules les parties impliquées dans le conflit participent au processus de résolution et non pas à sa régulation par eux-mêmes. Dans notre modèle, une gamme plus large de participants est impliquée, y compris les familles et membres de la communauté pour examiner ensemble des solutions aux conséquences d'un crime. La justice restaurative ne vise pas seulement à chercher un accord mutuellement acceptable comme lors d'un litige ; elle

1. ZEHR Howard, 2012, *op.cit.*, p. 32.

prétend répondre plus largement aux besoins des victimes et auteurs en mettant l'accent sur la réparation des dommages, la responsabilisation des délinquants et la réintégration sociale.

2

La remise en jeu des acteurs principaux

« Ainsi, la justice restaurative, appelée également « justice réparatrice », se définit comme un modèle de justice complémentaire du procès pénal, qui consiste à restaurer le lien social endommagé par l'infraction, à travers la mise en œuvre de différentes mesures associant la victime, l'auteur et la société [1] ».

A. Des bienfaits pour la victime

Une jeune femme qui avait subi un viol était présente lors du verdict prononcé à l'égard de son agresseur. Celui-ci avait été condamné à une peine de prison. En le voyant sortir et la salle se vider, son expression avait trahi son bouleversement. Sensible à sa détresse, le juge Justice John Kelly vint la voir pour lui tenir quelques paroles réconfortantes : « You understand that what I have done here demonstrates conclusively that what happened was not your fault [2] ». Bien que la femme se soit enfuie en courant, il apprit plus tard que ses mots avaient marqué le début d'un processus de guérison. Plus tard, notre juge se serait rendu à une conférence internationale à Londres où il aurait déclaré que

1. Circulaire du 15 mars 2017, legifrance.gouv.fr/download/pdf.

2. Cas rapporté par VAN NESS, Daniel, *op.cit.* p. 143-151.

leur rôle était d'incarner des guérisseurs, que le droit pénal devrait être de guérir les blessures infligées par le crime.

Loin de penser que la justice pénale puisse apporter quelque chose comme un véritable rétablissement du point de vue des victimes – la punition étant centrée sur l'auteur d'un crime et vers le passé – il pourrait être davantage tentant de soutenir que la justice restaurative remplit ce rôle de thérapeute, que la justice criminelle est incapable de tenir. Il est clair que les mesures mises en place produisent des « effets thérapeutiques », nombre de retours positifs à l'issue des programmes de rencontre mettent en évidence les sensations d'apaisement, de réparation. De même, il fréquent d'entendre dire que la justice restaurative a cette ambition de « guérir » les victimes. Pour autant l'utilisation du terme de « guérison » est inadapté, voire aventureux pour de multiples raisons. D'abord, pour le même motif que le pardon, même si des émotions positives semblent être observables, ces dernières se mêlent bien souvent à un ensemble désordonné d'affects contradictoires. Il serait utopique de penser que les rencontres donnent lieu à une ascension progressive et linéaire vers une guérison. De plus, ce terme semble renvoyer à de multiples phénomènes : Jim Consedine y inclut la compassion, la pitié, le pardon et la réconciliation [1]. Cela suggère que la justice restaurative viserait à travers la guérison de multiples objectifs, là où il ne s'agit pas d'accorder de but précis aux programmes de rencontres. Les mesures servent uniquement à donner l'opportunité aux protagonistes de réaliser ce que le système pénal ne leur permet pas : dialoguer, exprimer leurs points de vue, redevenir acteurs de leur vie. Une fois de plus, mettre une attente sur les participants risque d'exercer sur eux une pression, ce qui engendrerait des effets contre-productifs. La guérison appliquée au domaine est une « métaphore [2] », elle n'est pas un traitement. Il ne s'agit pas de promettre aux individus une guérison quand le résultat n'est pas prévisible, qu'il n'y a aucune

1. CONSEDINE Jim, *Restorative justice : Healing the effects of crime*, Lyttelton: Ploughshares Publications, 1995.

2. BORTON Ian M., PAUL Gregory D, « Problematizing the healing metaphor of restorative justice », *Contemporary Justice Review*, 2015, 18:3, p. 257-273.

certitude que ce sera le cas. Elle est appelée « justice restaurative », non « thérapeutique », puisqu'elle ne prétend pas guérir mais permettre de restaurer, réparer une identité, une relation – et cela pour toutes les parties – à travers l'échange. En ce sens, l'unique objectif de la justice restaurative, c'est le dialogue.

Il s'agira ici de creuser quelques bienfaits du point de vue des personnes-victimes. Bien que toute personne réagisse de manière unique à ce genre d'expérience, les comptes-rendus des rencontres pointent une convergence des résultats positifs sur quelques points principaux : la reconnaissance, la réparation émotionnelle ainsi que le rétablissement des relations (pris au sens large).

La caractérisation de la notion de « victime » semble difficilement générer le consensus. S'il est rarement employé avant la fin du XVe siècle, ce terme fait aujourd'hui l'objet d'utilisations diverses, ce qui contribue à brouiller notre perception de la victimisation, et rend plus complexe la possibilité de prise en charge des personnes concernées. Faut-il y englober les victimes de génocide, de meurtre, de vols, de catastrophes naturelles, d'insultes, des réseaux sociaux ou de la société de consommation ? Faut-il à l'inverse définir une ligne de partage bien nette entre victimes et non-victimes, sur certains critères, au risque d'exclure par la même des individus se sentant légitimement abusés ? Faut-il par exemple le limiter pour des actes dont le responsable est un être humain, un groupe ou alors une entité ? Parallèlement, la victime est-elle limitée à l'individu singulier ? Ou peut-elle désigner une communauté, une société ? Faut-il la limiter à un statut légal, ou moral ? L'atome de cette notion, c'est la souffrance. Il est impossible d'entrer dans ce cadre sans faire de lien avec Peter Singer, qui postulant l'existence de la souffrance chez les animaux, parvient à formuler un argument contre le spécisme [1]. La capacité à ressentir des émotions comme la douleur devrait être à la base de la reconnaissance de droits, qui ne devraient pas être restreints à l'appartenance à une espèce (en l'occurrence dans ses propos à l'espèce humaine). De surcroit,

1. SINGER Peter, *La libération animale*, 1975.

cette souffrance doit avoir une cause, être provoquée par un agent causal externe. Mais le risque d'une définition trop large est une « lourde confusion entre victimisation réelle et sentiment d'insécurité. Il y a là un risque de banalisation des victimisations au détriment des victimes d'authentiques actes criminels [1] ». Derrière ces difficultés de caractérisation, il faut imaginer l'enjeu de la reconnaissance des victimes notamment pour leur assurer une prise en charge. L'emploi parfois abusif, systématique de ce terme traduit par ailleurs un besoin contemporain de la reconnaissance du phénomène de victimisation.

A l'arrière-plan de ces problématiques réside ainsi la nécessité de la reconnaissance du statut de victime. La caricature de la personne qui a été violée ou la victime d'inceste accusée d'affabuler devient insupportable. Il n'existe rien de plus pénible que le mépris du contenu de notre expérience, que l'on puisse nous accuser de mentir ou d'exagérer. L'interrogatoire auquel sont confrontés les plaignants est une épreuve difficile, humiliante, et bien souvent déplacée. Les exemples de questions posées aux victimes de viol pour s'« assurer » de leur victimisation ne sont que trop bien connues. La première reconnaissance nécessaire, c'est d'abord la reconnaissance d'avoir été victime d'un préjudice. Cette dernière est essentielle dans sa reconstruction. Le problème de la justice pénale, c'est que malgré le fait qu'il le reconnaît juridiquement comme victime, l'individu doit faire expérience de son exclusion – comme on l'a vu – dans la participation à la résolution du conflit, mais de surcroit le criminel ne reconnaît pas nécessairement sa culpabilité lors du procès. Même si le jugement est posé, qu'il est reconnu coupable, la victime se retrouvera face à l'indifférence de son auteur. Entre le mal du crime et son déni, le mépris produit chez n'importe qui de lourds dommages psychologiques. L'épreuve est d'autant plus difficile quand le responsable n'a pas été identifié, où qu'un responsable précis n'est pas clairement désigné comme dans l'affaire du sang contaminé. De nombreuses questions commenceront à la travailler : était-ce bien arrivé ? N'ai-je pas ma part de responsabilité ? On en vient à se demander si l'on n'est

1. CARIO, Robert, 2012, *op.cit.*, p. 38.

pas nous même coupable, questionnement accentué par tous les acteurs du droit qui remettent en question la valeur de nos propos. Cette incertitude des places est marquée par ailleurs dans l'histoire de la victimologie : les premières typologies de victimes consistaient à brouiller le partage entre victime et criminel. Les théories classiques établissaient par exemple une gradation de profils en fonction de leur part de responsabilité dans le crime. Certains comme E. A. Fattah sont allés jusqu'à dire qu'ils devraient être pénalisés à ce titre : « l'étude du couple pénal nous montre que, dans plusieurs cas, il est extrêmement difficile de déclarer qui est coupable et qui est victime [1] », entre victime « désireuse ou supplicative », « consentante librement et consciemment » et « non consentante [2] » (même si l'auteur parvient à reconnaître que même dans ce dernier cas, la victime peut quand même avoir joué un rôle dans l'infraction). La reconnaissance d'être victime, et par la même occasion d'être émancipé de la culpabilisation imposée ou auto-imposée est donc essentielle. Sans confrontation, sans la possibilité d'exposer son expérience à la personne concernée, quiconque se perd dans la frustration et la confusion.

Il est essentiel pour la victime d'être reconnue comme telle, tant sur le plan juridique que psychologique. Il importe, en ce sens, qu'elle puisse se reconstruire psychologiquement, afin d'acquérir la certitude que ce qu'elle a vécu était bien réel et que quelqu'un est bien responsable de son mal-être. Cependant, une telle réduction à un seul statut de victime pose problème. Par la violence, c'est l'estime de soi qui se retrouve bafouée, c'est l'identité qui est niée [3]. Son image réflexive a été souillée par l'agresseur, qui l'a cristallisée dans un rapport vertical. Il a pris le dessus, a volé ses capacités. Si l'agression qu'il a subie empêche un individu de retrouver sa vie normale, le force à revivre quotidiennement ce souvenir à travers ses angoisses et ses traumatismes, la justice pénale conduit à le réduire à n'être qu'une

1 . FATTAH, EZZAT. A, « Quelques problèmes posés à la justice pénale par la criminologie », *Annales internationales de criminologie*, 1966, pp. 335-361, spé. p. 336 et 361.

2. CARIO, Robert, 2012, *op. cit,* p. 170-171.

3. GARAPON, Antoine, *op.cit.,* p. 268.

« victime ». Le langage juridique dépersonnifie, déshumanise. C'est à un double mépris qu'il faut faire face : celui de son vécu, mais également celui de son identité. Afin de se reconstruire, tout individu a besoin de la reconnaissance par l'autre du mal qu'il a pu lui faire, mais également d'une reconnaissance pour lui-même en qualité d'individu autonome.

C'est dans ce cadre que la justice restaurative intervient. Si la justice pénale a échoué à générer cette double reconnaissance, il s'agit désormais de le permettre par la responsabilisation des protagonistes à travers l'échange au sein d'un espace de parole. Il convient désormais de ne plus les réduire à leurs statuts juridiques, mais de les appeler par « personne-victime » et « personne-auteure », un point important dans le protocole. À travers le dialogue, chacun sera amené à discuter de son point de vue, sans être interrompu dans son discours, afin de se réaffirmer. La situation est peut-être en mesure de se renverser, le rapport vertical peut se déplacer en faveur de la victime qui, ne se sentant plus coupable, peut désigner le responsable.

« L'auteur et la victime se retrouvent face-à-face de nouveau, mais dans un rapport inversé : celui qui a été méprisé est en mesure d'accuser et celui qui a abusé de l'autre est désormais acculé à se justifier. L'accusation inverse les places entre l'actif et le passif [1]. »

L'estime de soi ne peut se recouvrer que par soi-même. Son antagoniste sera susceptible de reconnaître sa responsabilité, d'accepter que cette expérience fût traumatisante sur tout point. Celle qui a été victimisée verra son agresseur sous un autre jour, peut-être cela lui permettra de ne plus s'en faire un mythe. Par la confrontation, elle sera à même d'affirmer de nouveau son identité. La justice restaurative est capable de répondre aux attentes de reconnaissance des personnes-victimes sur deux plans : faire le point sur le passé (« j'ai bien été victime de tel acte ») et se projeter vers l'avenir (« mais je ne me limite pas qu'à ça »). L'animateur ne suggère rien, ne prend pas la parole des concernés. Il ne s'agit plus d'infantiliser, ni en soi d'activer, mais

1. *Ibid.*, p. 289.

de permettre l'activation des personnes volontaires. Au Canada, les cercles de sentence ou de détermination de la peine sont des mesures utilisées dans le cadre du système pénal incluant diverses parties prenantes dont la victime, l'infracteur, les membres de la communauté et parfois des représentants du système judiciaire visant l'élaboration d'une décision consensuelle concernant la sentence. Après la reconnaissance des torts il s'agit d'élaborer un plan de réparation approprié, comme des services communautaires ou des réparations financières. Cette mesure de justice restaurative permet de mettre l'accent sur l'autonomie des parties impliquées. Cette autonomie est le point de départ qui fait de la justice restaurative un modèle plus souple, plus inclusif et plus adapté à la reconstruction des individus touchés par le crime.

La reconnaissance implique une attente bien plus large de la part des personnes-victimes : la réparation émotionnelle. La justice restaurative n'est pas une procédure, comme le précise la Circulaire du 15 mars 2017 :

« Si la mesure spécifique de l'article 10-1 précité suppose l'existence d'une procédure pénale, elle est à la fois complémentaire et autonome. Il ne s'agit pas d'un acte de procédure ». Il n'y a donc pas lieu d'appliquer les principes directeurs de procédure pénale, définis par l'article préliminaire du code de procédure pénale.

Ainsi, quel que soit le déroulement de la mesure, son succès ou son échec restent sans incidence sur la réponse pénale. La procédure se poursuit en parallèle, même si, en pratique, la mesure peut indirectement faciliter l'exécution de la réparation ou influer positivement sur l'exécution de sa peine [1] ».

Elle n'a pas la prétention de traiter le crime ou d'indemniser la partie lésée. Elle ne s'intéresse pas tant aux répercussions du crime qu'aux conséquences profondes générées par le crime chez les parties concernées. Dans son deuxième chapitre, Howard Zehr décrit les épreuves qu'une jeune femme avait dû traverser

1. legifrance.gouv.fr/download/pdf/circ?id=42000

suite à son agression [1]. Cette dernière avait été poignardée à de multiples reprises et s'était pris un coup dans l'œil, qu'elle a perdu. Cette expérience l'avait tellement terrorisée que les semaines qui suivirent, elle passa par plusieurs stades émotionnels : entre la peur, la rage, l'optimisme, la culpabilité, les insomnies, la honte, l'anxiété, principalement. Dans la confusion complète, la confiance en son monde et envers les autres se fera plus difficile. Beaucoup de personnes touchées par le crime finissent par perdre leur travail, se séparer de leurs conjoints, perdre leur appétit, devenir alcoolique ou se tourner vers les drogues.

« Crime is in essence a violation : a violation of the self, a desecration of who we are, of what we believe, of our private space. Crime is devastating because it upsets two fundamental assumptions on which we base our lives: our belief that the world is an orderly, meaningful place, and our belief in personal autonomy. Both assumptions are essential for wholeness. Most of us assume that the world (or at least the part of the world in which we live) is an orderly, predictable, understandable place. Everything may not happen as we wish, but at least we can provide answers for much of what happen. Generally we know what to expect. How could we live with any sense of security otherwise [2] ? ».

Le préjudice ne se limite pas à l'acte, il l'outrepasse et laisse des marques profondes. Après avoir survécu à l'agression, est-il toujours possible de survivre au périple psychologique qui survient ensuite ? Le crime ne s'est pas arrêté à la blessure physique, il a pris le contrôle de toute notre existence, jusqu'à notre perception du monde et de l'avenir. Le manque de réponses génère chez les victimes un sentiment généralisé d'insécurité. L'oublié de la cour reste muet, sa capacité à s'exprimer lui a été retirée. La compensation financière est même rarement suffisante : « Instead of helping, the process hurts [3]. ». C'est donc dans la possibilité du dialogue qu'une réparation peut se produire.

1. ZEHR, Howard, 2005, *op.cit.*, pp. 19-32.

2. *Ibid.*, p. 24.

3. *Ibid.*, p. 31.

Howard Zehr soulève six questions principales que la plupart des victimes intériorisent, auxquelles elles cherchent des réponses : (1) Qu'est-il arrivé ? (2) Pourquoi moi ? (3) Pourquoi ai-je agi ainsi à cet instant ? (4) Pourquoi j'agis comme ça depuis ? (5) Et si cela se reproduit ? (6) Qu'est-ce que ça implique pour moi et mes perspectives ? [1] Les personnes-victimes ont besoin d'être écoutées, de faire ressortir leurs émotions d'autant plus au responsable de leur malheur. Il existe diverses mesures de justice restaurative permettant aux protagonistes d'obtenir des réponses et d'être écoutés. En France se trouvent effectivement des mesures de face-à-face, ou impliquant plus de personnes comme des proches ou des personnes neutres, mais il est également possible de participer à des Rencontres Détenus/Condamnés Victimes qui incluent des individus qui ne se connaissent pas, mais dont le préjudice en question correspond. Dans tous les cas, les mesures mises en œuvre permettent d'ouvrir un espace de parole où il est permis de discuter librement des répercussions des actes subis ou commis. La confrontation directe n'est pas obligatoire, et elle n'est pas le seul moyen de se reconstruire. Il s'agit avant tout de trouver des réponses à nos questions. Les RDV/RCV permettent justement de manière indirecte aux victimes de comprendre qu'elles n'étaient pas directement visées par exemple, qu'elles peuvent de nouveau de sentir en sécurité, ou que de tels actes ne sont pas forcément prémédités. Catherine Rossi et Robert Cario mettent en évidence l'efficacité de la justice restaurative sur le plan émotionnel, se basant sur les travaux de Sherman L., Strang H. et Crégut F. [2] : le dialogue et la verbalisation de leur vécu engendreraient un effet cathartique sur les protagonistes, mais également un apaisement du stress post-traumatique, certainement grâce à l'empathie générée par les interactions. Il faut d'ailleurs noter que plus les crimes sont élevés en gravité, plus les effets positifs de réparation seront conséquents.

Mais bien que les bénéfices de la justice restaurative soient indéniables, est-ce à dire qu'ils suffisent à effacer le préjudice

1. *Ibid.*, p. 27.

2. CARIO Robert, 2010, *op.cit.*, p. 34.

subi ? Il est évident que non, cette jeune femme ne retrouvera jamais son œil, elle ne pardonnera certainement jamais à son agresseur. Mais tout ce processus lui donne la possibilité de se reconstruire. C'est pour cette raison qu'Antoine Garapon préfèrera le terme de « justice reconstructive » à l'anglicisme « restaurative » ou « restauratrice ». Ces derniers suggèrent un rétablissement de l'objet dans son état initial, une remise à la situation précédant l'acte. Or le crime bouleverse la vie des individus, l'agression laisse des traces indélébiles. Les expressions courantes telles que « je dois apprendre à vivre avec », « je dois composer avec ce que j'ai » démontrent précisément que le retour en arrière est impossible. Pour autant, il est possible de se reconstruire, de rebâtir une vie normale en traitant les traumatismes de son passé. L'expérience du crime vole notre ancienne identité, elle laisse muet. C'est en la réaffirmant par la parole qu'un avenir sous notre maîtrise est possible. La justice restaurative permet de mettre en évidence que la reconstruction psychologique d'une victime ne peut se faire que de manière autonome. Le modèle thérapeutique n'est donc pas adapté pour la caractériser. Le meilleur traitement, c'est l'auto-activation qui prend son point de départ dans la plainte, mais ne peut s'épanouir qu'à travers la communication libre.

La justice restaurative repose sur un idéal démocratique de résolution des conflits, puisqu'elle inclut l'activation par la participation, la responsabilité ainsi que la transparence. Elle lutte contre l'apathie à laquelle les institutions forcent de faire expérience. Elle permet de renforcer le lien social, et mettre en évidence la responsabilité collective. En tant que complément à la justice pénale, elle tend à orienter nos conceptions traditionnelles – initialement centrées sur la Loi ou l'infracteur – vers l'individu autonome. Elle invite à repenser la victime non plus comme figure de la pitié mais comme souverain de lui-même. Le problème qu'Antoine Garapon soulignait à propos de la justice restaurative, c'est qu'elle se focalisait sur la victime et sur sa souffrance alors que cette dernière serait incommensurable [1]. Par extension, si la justice restaurative en

1. GARAPON, Antoine, *op.cit.* p. 262.

tant qu'alternative doit influencer le système pénal, la souffrance ne pourrait servir de justification à la peine, précisément parce qu'elle ne serait pas quantifiable. Mais il fait ici une confusion, la justice restaurative ne se fonde pas uniquement sur la victime et son ressenti. C'est une mesure concrète qui permet la participation et la prise en compte de toutes les parties, aussi bien la victime que son auteur. La philosophie sous-jacente n'exclut pas le criminel, pour la même raison qu'elle ne peut pas être la réactivation de l'archaïque de la vengeance ; il s'agit d'aborder une approche inclusive et démocratique, qui postule l'autonomie des protagonistes et l'existence d'attentes respectives qu'il faut prendre en charge.

Le terme « reconstructif » employé par Antoine Garapon suggère également la reconstruction d'une relation. L'acte criminel a déstabilisé les relations sur plusieurs plans. C'est d'abord la relation directe entre la victime et son auteur qui a été brisée, c'est le conflit. Une relation verticale s'est figée en faveur du criminel. Dans cette perspective la justice restaurative favorise un renversement – la réaffirmation du préjudicié face à son agresseur – qui rétablit finalement l'égalité dans la prise de parole. Dans la discussion, il est possible que des formes d'entente ou des réactions positives soient observables, mais il ne s'agit pas de parler de réconciliation. Il serait utopique, et même dangereux de penser que les rencontres sont prévues à cet effet. Il n'est en rien attendu des parties concernées qu'elles finissent par partir main dans la main, que ce soit pour les RDV/RCV ou pour les rencontres en face-à-face. Pas plus que le pardon n'est encouragé, personne n'est contraint à s'apprécier, tout en admettant qu'il est normal, au vu des circonstances, de se détester. Ce sont des choses qui pourraient évidemment arriver mais il ne s'agit pas de tenir ce genre d'objectif. Le rétablissement de la relation se comprend davantage ici comme le rétablissement de l'équilibre axiologique entre les protagonistes.

Mais il s'agit également d'une relation plus large, le crime brise les relations humaines. Si le raisonnement le plus logique conduisait à penser qu'il s'agissait d'un impact sur une relation entre deux individus, il faut se rendre compte qu'il influence de manière générale la relation entre la victime et autrui. Il invite celui qui en est touché à ne plus faire confiance à son monde, à son entourage, ni à Dieu. Il conduit à développer des stéréotypes, du racisme ainsi que de l'intolérance. Il érige un mur entre soi et les autres. Howard Zehr précise que les couples ayant perdu un enfant par le meurtre finissent très souvent par se séparer, puisque même si l'évènement est le même, son expérience ainsi que l'expérience du deuil qui le suit divergent [1]. Le crime enferme dans la solitude. Certaines victimes, dans le besoin d'imputer la faute à quelqu'un, vont faire des reproches à tout le monde, y compris à Dieu pour un croyant. La relation avec autrui, comme avec leur propre identité, est brisée. Malgré le fait que l'entourage soit essentiel à la reconstruction, la victime s'éloigne des autres. De même, ses proches ne savent plus comment se comporter à son égard. Charlotte Hullinger aurait identifié quatre façons dont les amis ont tendance à réagir face aux victimes [2] : (1) « The rescuer » qui va monopoliser la discussion et encourager à la dépendance ; (2) « The Hostile Helper » dont la peur va l'inciter à s'énerver contre la victime, allant jusqu'à la blâmer ; (3) « The Helpless Helper » qui en essayant de se mettre à la place de l'autre va se sentir aussi mal que lui, ce qui peut donner des situations où c'est la victime qui va essayer de le réconforter ; (4) « The Positive Helper » qui reconnaît ses peurs mais ne s'accapare pas la parole et écoute sans juger. Il est difficile de savoir comment réagir face à des individus qui souffrent autant, leur malheur peut aller jusqu'à affecter les autres, c'est ce qui correspond au phénomène de la « seconde victimisation » en psychologie. Les écouter mènent les individus à ressentir une victimisation, et à les rejeter pour ne plus avoir à le ressentir. Si les victimes souffrent et peuvent en viennent à rejeter les autres, ces derniers finissent eux aussi par se détourner progressivement d'elles.

La justice restaurative permet donc aux personnes-victimes de sortir de leur solitude, de réenvisager la confiance en leur monde et en la bienveillance d'autrui. Les rencontres impliquant leurs familles permettent justement aux proches de les écouter dans un

1. ZEHR, Howard, 1990, *op.cit.*, p. 23.

2. Cité par ZEHR, Howard, 1990, *op.cit.*, p. 22.

cadre adapté, sans la possibilité de leur couper la parole. Le choix lui-même de participer à une mesure de justice restaurative dénote la volonté de sortir de leur renfermement, c'est donc toujours sur la base d'une autonomie qu'il faut traduire les effets positifs de la justice restaurative. Le rétablissement émotionnel doit être initié par la volonté individuelle de s'en sortir, la même qui pousse à la consultation d'un psychologue. De là, la victime trouve un espace où elle peut exprimer son vécu, ses attentes. Si le responsable en vient à reconnaître ses actes et à en assumer la responsabilité, qu'elle trouve réponse à ses questions, il est possible qu'elle éprouve un apaisement émotionnel qui la conduira par la suite à faire confiance de nouveau en ses proches. La confusion dans laquelle conduit le crime contribue à se méfier de quiconque : « Je pensais que ça n'arrivait qu'aux autres, mais c'est arrivé à moi. Je ne pourrai plus jamais me sentir en sécurité ». L'agression a condamné la victime à l'enfer d'une unique relation, entre elle et son auteur. Ce n'est qu'en se confrontant à lui qu'elle pourra s'en libérer, regagner son sentiment de sécurité et renouer avec ses autres relations interpersonnelles. En impliquant les proches de la victime et de l'auteur, les membres de la communauté, les rencontres sont susceptibles d'engendrer des prises de conscience collective, favorisant par la même occasion une compréhension du vécu de la victime par son entourage.

Le crime atteindrait donc une grande partie des aspects du bien-être humain. De nombreux théoriciens ont cherché à énumérer les conditions indispensables aux individus pour mener une vie dans laquelle ils peuvent réaliser leurs aspirations et objectifs. Chez Martha Nussbaum, les « capabilités [1] » représentent les réelles opportunités dont ils disposent pour mener des vies pleinement humaines, selon leurs propres conceptions de ce que cela signifie. Cela inclut autant des conditions matérielles que des libertés et des capacités réelles des individus à faire des choix qui reflètent leurs valeurs et leurs objectifs [2]. Il existe un seuil en

1. Ce terme et cette approche avaient été inaugurées par l'économiste Amartya Sen en 1985.

2. NUSSBAUM Martha, *Woman and Human Development*, 2000.

dessous duquel il n'est pas possible de vivre une vie humaine digne. Elle établit donc une liste de ces capabilités qui comprend la santé, l'éducation, la maîtrise de notre environnement (à la fois matériel et politique notamment), les relations sociales, le bien-être émotionnel, principalement. De là il faut comprendre que l'impact de l'agression puisse remettre en question une bonne partie de ces conditions essentielles à une vie humaine bienheureuse : ce genre d'expérience engendre des conséquences profondes à la fois sur l'intégrité physique et morale, sur la vision du monde, de soi ainsi que des autres. C'est tous les aspects de notre vie qui se retrouvent touchés : l'identité, la valeur que l'on attribue à notre existence, l'équilibre émotionnel et par la même corporel, la confiance aux autres, la maîtrise de notre avenir. Il n'est plus possible de vivre une vie décente, une vie que l'on maîtrise. À partir de l'approche des capabilités, il faut comprendre que la justice restaurative est la forme de justice la plus adaptée, puisqu'elle est à même de garantir les capabilités humaines à travers l'autonomie individuelle, la participation individuelle et collective. Dans ce modèle, ce sont les victimes elles-mêmes qui sont à même de reconquérir leurs capabilités et à agir sur leurs propres destins, la justice restaurative n'intervient que pour soutenir le développement et l'épanouissement des personnes. Elle met l'accent sur les attentes et les droits des individus et favorise une réparation des dommages causés aux personnes, à la fois matériels (par la possibilité d'une compensation) mais également émotionnels (par tous les effets positifs qu'elle est susceptible de faire émerger).

B. Une égale considération pour l'auteur

Là où la justice pénale tient le crime pour une infraction/une offense envers la Loi, la justice restaurative part des personnes. L'acte criminel est avant tout une blessure infligée à des individus, ce qui conduit à mettre l'accent sur les victimisés et leur réparation, car la grande oubliée du système pénal, cela reste la victime. Mais même si dans la machine pénale l'infracteur est placé au premier plan – dans le cadre de son face à face avec la société ou l'État – ce dernier reste dans la passivité. Le

« coupable » subit, il laisse sa parole aux professionnels du droit qui doivent plaider son innocence ou sa culpabilité. Il reste muet. Or si derrière les victimes il y a des personnes, derrière les criminels il y en a aussi. Contrairement aux idées reçues, la justice restaurative n'est pas centrée exclusivement sur les victimes et leur souffrance, elle est centrée sur les personnes. Cela implique donc toutes celles qui sont touchées et concernées par le crime. Tout consiste à permettre aux protagonistes de reprendre la main sur leur conflit. Son ambition :

> « [...] réparer tous les dommages (en termes de préjudices et de répercussions) causés par le crime (à la victime certes, mais encore à l'infracteur lui-même et à la communauté), responsabiliser tous les acteurs et promouvoir la restauration sociale (en termes de partage, de justice et de paix) [1] ».

La justice restaurative ne se contente donc pas d'opposer la victime et son auteur. Si les uns ont des besoins ainsi que des attentes, les autres en ont également. Il faut d'ailleurs rappeler que la participation à une mesure – du moins en France – reste strictement volontaire. Si les infracteurs décident de participer à des rencontres, c'est qu'ils cherchent par exemple à se racheter, à trouver la rédemption, à s'ouvrir aux autres, à se réintégrer. S'ils le choisissent, c'est bien que cela leur apporte quelque chose. Il s'agira dans cette section d'examiner les bénéfices significatifs qu'offre la justice restaurative sur les personnes-auteures, entre la responsabilisation, la réintégration et la reconquête de l'estime de soi.

La première des attentes à l'égard des auteurs, c'est leur responsabilisation. Mais avant de clarifier ce point, il faut revenir au modèle rétributif et à la peine carcérale. La punition est infligée à un individu non parce qu'il aurait causé un préjudice à une personne, mais parce qu'il le mérite. La justice pénale cherche à générer de la culpabilité, elle déclare « coupable ». Mais en s'y prenant de cette manière, elle échoue sur deux points. (1) Tout d'abord, elle ne parvient pas à atteindre son objectif. La punition consiste en l'infliction d'une souffrance à un individu

---

1. CARIO Robert, 2010, *op.cit.*

dans le but de rétribuer un acte contraire à la Loi. Or l'expérience de la prison, si éloignée de l'acte qu'il a commis, ne l'invite pas à éprouver une forme de culpabilité. Au contraire, il finit par se sentir victimisé, subissant à son tour un préjudice. La violence observable au sein des centres pénitentiaires l'invite à renforcer ce sentiment d'injustice, et même à récidiver dès sa sortie. De nombreux criminologues, tels que Braithwaite, insistent sur ce point :

« Prisons are schools for crime; offenders learn new skills for the illegitimate labor market in prison and become more deeply enmeshed in criminal subcultures. Prison can be an embittering experience that leaves offenders more angry at the world than when they went in [1] ».

Bien que la justice pénale mette l'accent sur la culpabilisation, la souffrance due à l'enfermement et l'injustice qu'il ressent le mènent à se positionner en tant que victime. De la même manière que le souverain, lésé par le crime, imposait un châtiment complètement disproportionné au préjudiciable et le rendait martyr, l'État en administrant une peine carcérale déliée de tout rapport avec son acte le rend victime. Les exemples tels que la peine capitale mettent d'autant plus en évidence cet échec à générer de la culpabilité. Le problème de la punition, c'est qu'au lieu d'œuvrer au rétablissement de la paix, elle renforce les attitudes qu'elle est censée limiter. Elle ne vise pas l'harmonie sociale, elle ne parvient pas à dissuader puisque qu'elle se borne à donner aux individus ce qu'ils « méritent ». (2) C'est dans ce cadre qu'il faut ajouter qu'elle ne parvient pas non plus à responsabiliser. Si la culpabilité est une émotion négative survenant à la suite d'un mal commis, il s'agit plus dans le modèle pénal de l'associer à la transgression de la Loi plutôt qu'à un préjudice commis à quelqu'un. Dans le cadre du face-à-face avec l'État, elle n'est centrée que sur les criminels. La culpabilité attendue de sa part est donc essentiellement réflexive, il devrait se sentir mal puisqu'il ne s'est pas comporté en bon citoyen, non parce qu'il aurait blessé quelqu'un. Si l'infracteur parvenait

1. BRAITHWAITE, John « A Future Where Punishment is Marginalized: Realistic or Utopian? », *UCLA Law Review*, 1999, 46, p. 1727–50.

idéalement à en ressentir, il chercherait à se comporter comme il faut, non pas à essayer de réparer les torts commis. La punition vise à rétribuer, non à responsabiliser.

Si dans la justice pénale le crime est une agression dirigée contre l'État et que les auteurs doivent être punis, la justice restaurative ne s'intéresse pas à la rétribution, en premier lieu, mais aux dommages et aux besoins qui en découlent. Au lieu de rétribuer, on cherche à réparer. Le crime est avant tout un préjudice envers des personnes, ainsi des torts commis, il en résulte des obligations. La responsabilisation ne passe pas par une punition mais par les actions concrètes de l'auteur. Si la participation elle-même à une mesure de justice restaurative constitue la première étape de la responsabilisation (puisque l'individu décide de venir en toute autonomie), il sera encouragé à réaliser le mal qu'il a infligé à l'autre, prendre conscience des conséquences de son comportement et puis s'efforcer de réparer les dommages dans la mesure du possible, même si dans certains cas rien ne peut remplacer la perte (dans le cas d'un meurtre par exemple). Des travaux pour la communauté, tels que les travaux d'intérêt général (TIG), peuvent être décidés notamment quand il n'est pas possible de faire une réparation pour la victime directe.

Le dialogue est essentiel à cette tâche. Se responsabiliser implique de redevenir actif, là où le modèle rétributif cherchait à neutraliser l'infracteur dans ses potentialités et à le réduire au silence. Le lieu de rencontre devient tel que l'idéal de l'espace public, il est attendu de chacun qu'il mette de côté ses intérêts individuels pour œuvrer à l'intérêt de tous. La responsabilisation, la prise de conscience ne peuvent naître que dans les conditions d'un face-à-face. Une rencontre physique n'est pas obligatoire et n'est pas toujours conseillée, mais un contact indirect par le biais de lettres ou d'appels téléphoniques peut se mettre en place, l'idée étant de parvenir à une responsabilisation des auteurs et à une réparation des victimes inaugurée par le dialogue. La discussion, la délibération permet de lutter contre l'apathie qu'impose le système pénal. Pour John Dewey, le problème du public est le passage de la passivité à l'activité, qui constitue la forme démocratique [1]. La collaboration de tous à la chose politique favorise son activation. La démocratie ne devrait pas se résumer à un système gouvernemental mais devrait également être une manière de vivre et de penser qui encourage la participation et la résolution collective. Les rencontres restauratives incarnent cette vision en offrant à tous les participants la possibilité de prendre part au processus de décision vis-à-vis du traitement des conséquences d'un acte criminel. La méthode de la discussion au sein de la justice restaurative permet donc de responsabiliser au mieux les personnes-auteures vis-à-vis des victimes, car elle les invite à se décentrer de leur position afin de prendre conscience de manière autonome des répercussions de leurs actes. Cette approche conduit bien mieux un individu à se tourner vers les autres qu'une peine de prison établie à partir d'un calcul de proportionnalité.

La responsabilisation constitue en réalité une étape de la réintégration de ces individus dans la société. Par son acte, l'individu s'est marginalisé en se faisant criminel. Le système punitif aurait achevé cela en l'isolant du reste du monde. John Braithwaite envisage la honte comme un instrument efficace pour encourager la responsabilisation des criminels tout en favorisant leur réintégration dans la société. Il ne s'agit pas d'une stigmatisation ou d'une humiliation ; il distingue deux types de honte pour clarifier ce point [2] : le « reintegrative shaming » part d'une désapprobation de la communauté à l'égard d'un criminel pouvant s'exprimer à différents niveaux – allant d'une simple réprimande à des cérémonies de dégradation – mais est suivi d'un geste de réintégration pouvant prendre la forme d'un sourire, de l'acceptation d'excuses à de véritables déclarations de réintégration. Il est blâmé pour son comportement, non pour sa personne, contrairement au « desintegrative shaming » ou stigmatisation, qui contribue à diviser la société entre normaux et déviants. Les individus sont désapprouvés sans pour autant qu'il y ait des efforts consacrés à les désétiqueter ou à leur

1. DEWEY John, *The Public and its Problems*, 1927.

2. BRAITHWAITE John, *Crime, Shame and Reintegration*, Cambridge University Press, 1999, p. 54-68.

réintégration symbolique. La stigmatisation est contre-productive, elle tend à renforcer ce qu'elle dénonce par elle-même, puisque la honte aurait véritablement un impact lorsqu'elle est générée par des personnes qui ont un intérêt à notre égard. Lorsqu'un individu se sent exclu par rapport à un groupe, il peut finir par les rejeter à son tour et leur blâme n'aura plus d'effet sur lui ou du moins perd de son importance, l'invitant à continuer à se comporter d'une certaine manière. La honte réintégrative tient donc pour postulat que les individus ne sont pas intrinsèquement mauvais, qu'il leur arrive de faire du mal mais ces épisodes sont transitoires, du moment qu'ils prennent conscience – par la confrontation avec la communauté – qu'ils se sont mal comportés. Braithwaite fait ainsi le lien avec le modèle familial, où lorsqu'un enfant a enfreint une règle il se retrouve réprimandé et puni, mais la situation revient ensuite à la normale, sans qu'il n'ait à être marginalisé pour son acte. Le respect doit toujours être sous-jacent.

La honte est un vaste sujet philosophique, Platon mettait en scène l'anneau de Gygès [1] : à la suite d'un orage, un berger aurait trouvé un anneau sur sol qui, une fois enfilé, le rendait invisible. Profitant de son privilège, il séduit la reine et prend le pouvoir en assassinant le roi. Sommes-nous justes uniquement par peur de la désapprobation morale ? Si cela s'avère vrai, chacun agirait sournoisement en possession de cet anneau. Les êtres humains seraient naturellement vicieux, le sentiment de honte serait le seul rempart entre la paix sociale et le désordre. Aristote soutiendra de son côté que le besoin d'être approuvé ne doit pas être interprété sur un mode égoïste mais serait au cœur de la moralité elle-même et du désir d'être vertueux [2]. La honte est nécessaire à la constitution de la vertu, le regard de l'autre me sert à prendre conscience de ma propre vertu. La honte serait-elle le symbole de notre immoralité ou au contraire de notre moralité intrinsèque ? Elle ne semble pas être nécessairement publique, au sens où il est possible d'avoir honte de soi-même. Chez Braithwaite, les individus ne sont pas naturellement malveillants

---

1. PLATON, *République*, II.

2. ARISTOTE, *Ethique à Nicomaque*.

mais ils peuvent commettre des actes répréhensibles sous l'influence de divers facteurs. La honte réintégrative vient mettre en évidence ce caractère-là, c'est justement parce qu'il parvient à ressentir ce genre d'affect qu'un délinquant ne se limite pas à ce que son statut juridique suggère.

Mais faut-il vraiment appliquer ce modèle de « reintegrative shaming » à la justice restaurative ? Selon les termes de Braithwaite, il ne correspondrait aucunement à une forme d'humiliation. Il s'agirait simplement pour le criminel de se voir reprocher ses actes comme inacceptables d'un point de vue social. Il est difficile de concevoir que la honte en tant que telle pourrait être constitutive à la justice restaurative à partir des bases humaines par lesquelles elle avait été précédemment appréhendée, puisqu'elle reste une émotion négative qui fait souffrir et est apparentée à une forme de punition. Lorsque Braithwaite utilise le modèle de la famille pour incarner sa proposition, il mobilise l'exemple de l'enfant qui se fait punir mais se retrouve finalement réintégré dans sa position initiale à l'issue de sa punition. Cette dernière était nécessaire pour qu'il comprenne que son acte était mauvais, mais ne doit pas durer pour qu'il retrouve finalement l'estime de lui-même. Cette comparaison entre une méthode de traitement des conséquences de la criminalité et une justice intrafamiliale semble malaisée, les rencontres regroupant les membres de la communauté ne doivent pas être considérées comme des « familles élargies », il nc s'agit pas d'infantiliser tel ou tel participant. Il convient de ne pas réduire les individus à des rôles stéréotypés où l'infracteur incarnerait l'enfant, les autres des parents ou toute autre forme d'autorité. Cette métaphore est donc à prendre à la légère, puisqu'elle semble aller à l'encontre des valeurs d'autonomie, d'égalité que prône la justice restaurative. Le « reintegrative shaming » peut avoir sa place au sein des mesures mais il serait peut-être dangereux d'en faire un mécanisme systématique. Au sein de la discussion des reproches peuvent subvenir, des excuses également, mais rien de tout ça n'est en soi prévisible, ces choses ne sont pas contrôlables. Dans le respect de l'autonomie des protagonistes et de leur intégrité, il ne faudrait pas en faire un élément à atteindre obligatoirement dans la procédure.

Mais ce détour vers un mécanisme potentiel de responsabilisation des personnes-auteures a permis de comprendre que la justice restaurative visait la réintégration, là où le système pénal visait la réhabilitation depuis ces deux derniers siècles. Cette dernière, malgré toutes les tentatives de son développement, n'a fait que souligner ses propres échecs. Dans notre perspective, il ne s'agit plus d'éduquer un individu, de le démarginaliser en contrôlant ses déviances, mais il faut concevoir que la réintégration au sein de la société passe par l'approbation sociale. Si l'individu a été marginalisé, ce n'est pas parce qu'il est mauvais en soi, qu'il est déviant, mais parce que son comportement est inacceptable socialement. Il faut donc passer par la confrontation à autrui pour se rendre compte de l'indignité de ses propres agissements. Les personnes doivent être jugées pour leurs actes, non pour ce qu'elles incarnent intérieurement. Il ne s'agit plus de réhabiliter, rendre normal un individu mais à le réintégrer socialement. Il est indéniable que la justice restaurative possède un bienfait sur la récidive. Elle serait plus à même, par ses mécanismes et son éthique discussionnelle à générer une véritable volonté de réintégration et par la même réduire la récidive. Il faut cependant apporter quelques nuances à cette idée. D'abord, la corrélation n'est pas évidente à établir puisqu'il n'est pas aisé de pointer les éléments exacts responsables lors des rencontres de la baisse de la récidive. La complexité des interactions sociales et des facteurs individuels rend par ailleurs difficile l'attribution directe de ce succès à un seul aspect du processus de justice restaurative. Certains ont donc recentré ce questionnement sur la procédure même des rencontres. Hayes et Daly ont pu observer que ce n'était pas la simple participation à une mesure qui avait un impact sur la récidive, mais sur l'éventualité que celle-ci débouche sur un consensus et que la personne-auteur puisse ressentir de véritables remords durant son déroulement [1]. Si de surcroit il n'est pas possible d'être certain que de tels évènements se produisent, la corrélation est donc à relativiser. D'autres observations

1. HAYES Hennesse, HALY Kathleen, « Conferencing and Re-offending in Queensland », in *Australian and New-Zealand Journal of Criminology*, 2004, 37, p. 167-191.

permettent d'affirmer cela : les bienfaits sur la récidive décroisseraient avec le temps chez les personnes jeunes ou mineures. Les effets seraient encore forts après 6 mois mais chuteraient grandement après 2 ans [1]. Ceci peut s'expliquer par le passage de l'adolescence à l'âge adulte, cela signifie qu'il faudrait reprendre les choses apprises plus jeune lorsque l'individu commence à devenir indépendant. Il s'agit donc d'aborder le sujet de la récidive avec prudence. Certes la justice restaurative semble bien plus adaptée, avoir un tel effet sur les participants que la justice pénale et offre par ailleurs des résultats significatifs, mais s'il faut analyser ce phénomène avec des lunettes scientifiques, le lien doit être nuancé. En outre, la justice restaurative ne doit pas la tenir pour objectif strict, puisque son objet reste pour le moment de permettre aux individus de réacquérir leur autonomie par le dialogue, il est dès lors impossible d'en contrôler les résultats.

La justice restaurative favorise ainsi la réintégration des personnes-auteures au sein de la communauté, mais a fortiori au sein de la société. En étant susceptible de faire générer, par le biais de la discussion, des prises de conscience et des remords, les individus comprennent qu'ils ont leur place à côté des autres si et seulement s'ils respectent les règles de vie commune.

L'accent est donc mis sur les actes des personnes et non sur leur identité. Si quelqu'un a mal agi, il ne faut pas en conclure directement qu'il est un monstre par essence, où qu'il est naturellement déviant. La justice restaurative part du postulat qu'avant d'agir, les personnes-victimes comme les personnes-auteures sont des personnes. C'est également à travers cette idée que la réintégration est possible. Dans ce cadre, les criminels sont dans la possibilité, tout autant que les victimes, de regagner l'estime d'eux-mêmes.

Il fallait le voir, l'imputation du statut juridique de « criminel » avait une répercussion sur l'identité sociale de

---

1. KROOVAND HIPPLE N., GRUENEWALD, J., MCGARELL E.F., « Restorativeness, Procedural Justice and Defiance as Predictors of Reoffending of Participants in Family Group Conferences », in *Crime and Delinquancy*, 2014, 60(8), p. 1131-1157.

l'individu. Dès l'instant où il est déclaré coupable, cette étiquette lui incombera à vie. Même après avoir purgé sa peine, il continuera à porter ce costume et s'en défera difficilement. S'il éprouve de profonds remords et qu'il souhaite se repentir malheureusement « Like the victim, he will have no opportunity for closure, for putting this behind. The wound will continue to be rubbed raw [1]. ». La condamnation est donc tout autant physique que sociale, la souffrance perdure même après la punition, puisque l'exclusion ne s'annule pas, au contraire elle se révèle par-delà les murs des prisons. Ceci est mis en évidence par le casier judiciaire. L'interruption d'une carrière sur le marché du travail et la stigmatisation d'être un ancien détenu peuvent réduire les perspectives d'une profession légitime à l'issue de la peine. Si par son geste, le criminel avait détérioré l'identité de sa victime, il condamne la sienne par la même. Tous les aspects de sa vie seront teintés de sa culpabilité au sens juridique : entre la difficulté de faire un travail de son choix, sa réputation à la fois auprès de ses proches que les autres dans divers contextes sociaux, l'accès à certains droits mais également la perception de lui-même. Lorsque tout le monde ne pointe un individu qu'en tant que mauvais, il finit par se dire que c'est vrai, jusqu'à aller dans cette même direction. La réintégration dans ces conditions est impossible, c'est un cercle vicieux. La justice intervient justement pour donner au coupable la chance de s'exprimer comme un être responsable, pas seulement comme un coupable.

Le problème c'est que le modèle rétributif part du principe que les individus sont des agents parfaitement responsables qui sont capables de prévoir toutes les conséquences de leurs actions pour Howard Zehr, et qu'en ce sens ils auraient mal agi délibérément. Or cette perspective nie les traumatismes ainsi que les facteurs socio-économiques pouvant entrer en jeu. Reconnaître leur existence et leurs implications ne revient pas pour autant à trouver des excuses aux auteurs. Il ne faut pas retomber dans l'obsession des criminels et que l'étude de l'indétermination de la responsabilité débouche sur une décentralisation de l'intérêt du principal offensé vers l'infracteur mais il s'agit d'élargir notre approche du

1. ZEHR Howard, 2005, *op.cit.*, p. 44.

phénomène criminel pour l'aborder sous un angle réaliste. (1) Tout d'abord, les travaux de la psychologie et de la psychiatrie ont montré que les comportements agressifs et préjudiciables pouvaient provenir de l'éducation et de traumatismes vécus dans le passé ou dans l'ensemble. Albert Bandura, connu comme le précurseur de la psychologie sociale, avait mis en évidence dans sa théorie de l'apprentissage social que les individus apprennent de nouveaux comportements en observant ceux d'autres personnes [1]. Cela vaut pour l'observation directe comme pour les médias ou la culture populaire à laquelle on peut faire expérience. Si un enfant grandit dans un contexte parental violent par exemple, il aura de plus grandes chances que les autres enfants de développer à son tour des comportements violents. Ceci s'intensifie si les actes sont dirigés envers lui-même : les traumatismes sont reconnus en psychiatrie comme des facteurs non négligeables de divers troubles du comportement. La plupart des biographies sur les serial killers comportent de longs propos sur l'enfance difficile des individus en question. Sans que cela n'excuse l'acte commis, il faut remarquer que les criminels ont, pour certains, été victimes dans le passé. L'utilisation de ce terme n'est peut-être pas adaptée, la psychiatre Sandra Bloom y préfèrera le terme de « traumatisme [2] », soutenant qu'un traumatisme qui n'aurait pas été traité tendra à resurgir dans le temps, que ce soit chez l'individu l'ayant subi ou dans les générations ultérieures. Bien évidemment, l'expérience d'un tel événement ne conduira pas tout individu à développer des comportements criminels, mais ceci est utile pour comprendre que derrière les actes criminels il existe des causes. Les analyser ne les excuseront pas mais les reconnaître peuvent apporter des bienfaits, des soulagements tout autant du côté des criminels – qui peuvent s'exprimer sur eux-mêmes et tenter de se justifier – mais également chez les victimes qui cherchent à en prendre connaissance afin de déterminer « ce qui est fait pour limiter les causes du dommage qu'elles ont

---

1. V. BANDURA Albert, *Social learning Theory*, 1971.

2. BLOOM Sandra, *Creating Sanctuary : Toward the Evolution of Sane Societies*, London, Routledge, 1997.

subi et que d'autres risquent également de subir [1] ». (2) Le contexte socio-économique constitue également un facteur de développement de ce genre de comportement. Certains méfaits peuvent être commis afin de répondre à une situation de précarité, le meilleur exemple étant celui du vol. Dans les faits, les infracteurs « proviennent massivement des populations précarisées, accablées de multiples pauvretés [2] ». Le problème, comme il a été soutenu plus tôt, c'est que le modèle rétributif perçoit les choses de manière binaire et simpliste, à sanctionner sans prévenir suffisamment ou se pencher sur les inégalités qui peuvent induire ce type d'acte. Les inégalités économiques exacerbent les tensions sociales, alimentent les sentiments d'injustice et peuvent contribuer à l'augmentation de la criminalité. Il faudrait donc œuvrer à limiter ces problématiques, plutôt que de n'avoir comme seule réponse la punition. La justice restaurative permet quoi qu'il en soit de traiter ces questions, de discuter des causes plus profondes des actes criminels, d'apporter aux auteurs la possibilité de comprendre la source de leurs comportements, d'arrêter de se définir comme des malfaiteurs nés, et ainsi pouvoir mieux s'orienter dans l'avenir. Reconquérir une estime de soi est essentiel à ces individus afin qu'ils puissent se réintégrer durablement au sein de la société et se reconstruire également de leur côté. L'exposé des origines des actes criminels permet de mettre en évidence une responsabilité plus large à l'égard du crime : la famille, les membres de la communauté et même la société dans son ensemble peuvent avoir leur rôle à jouer.

C. L'introduction de la communauté

L'examen précédent des bienfaits de la justice restaurative sur les personnes-auteures a rendu possible la nuance dans la conception manichéenne qu'entretenait le système pénal actuel : si le modèle rétributif partait du principe que les infracteurs sont des agents moraux libres, et qu'en ce sens leur culpabilité juridique leur faisait reposer toute la responsabilité uniquement

1. ZEHR Howard, 2012, *op.cit.*, p. 55.

2. CARIO Robert, 2010, *op.cit.*, p.21.

sur eux, il fallait nuancer cette conception en élargissant la responsabilité à des acteurs externes, tels que les proches ou la société qui auraient pu avoir une incidence sur le développement du comportement criminel. Cette approche, sans qu'elle ait la prétention de minimiser la faute, impliquait dans les rencontres de faire appel à la « communauté ». Ce concept, capital dans la compréhension de notre sujet, implique de reconnaître deux choses essentielles : (1) le crime est un préjudice causé à des personnes, que ce soit aux victimes directes ou à des individus indirectement impliqués. Il entraîne une fracture du lien social qui ne saurait être réparée autrement que par la communication autonome des personnes concernées. (2) Cette rencontre doit également permettre de générer une compréhension globale du crime, qui inclut la reconnaissance d'une responsabilité collective telle qu'elle a été suggérée plus haut. Il faudra analyser le sens de la communauté au sein de la justice restaurative et insister sur sa différence avec le communautarianisme avant d'examiner de plus près les implications de cette intégration.

Comme la plupart de ses théoriciens le précisent, le terme de « communauté » est difficile à définir, d'autant plus dans nos sociétés où on n'en trouve plus la représentation [1]. Nos sociétés individualistes auraient fait se replier les individus sur eux-mêmes, faisant signe vers la « mort » de la communauté. Tocqueville aurait bien été un prophète, l'amour immodéré pour les choses matérielles ainsi que pour nos intérêts privés aurait mené tout citoyen à s'enfermer « dans la solitude de son cœur [2] », laissant la place vide à un gouvernement qui – facilité par l'apathie politique des citoyens – se serait approprié la gestion de nos propriétés, de nos conflits. L'abondante littérature sur le sujet fait prendre conscience en revanche du désir du retour de la communauté en particulier au sein de la justice restaurative dans le règlement des conflits. Le communautarianisme se serait développé en réaction à cet individualisme excessif, mettant l'accent sur l'importance des traditions, des valeurs et des normes

1. JOHSTONE Gerry, *Restorative Justice. Ideas, Values, Debates*, Portland, Willan Publishing, 2002, p. 14.

2. TOCQUEVILLE, Alexis, *De la démocratie en Amérique*, nla, 2019, Volume II, partie II, chap. 2.

partagées dans la vie sociale politique. Il s'oppose au libéralisme politique et lui reproche de valoriser la fragmentation au sein de la société, cette tendance à l'atomisation aurait contribué à fracturer le lien social. Mais bien que la justice restaurative tienne pour socle la réappropriation du conflit par la communauté, il ne saurait en découler qu'elle s'identifie au communautarianisme, encore moins au communautarisme. Si des théoriciens tels que John Braithwaite mettent l'accent sur l'importance de communautés locales dans le traitement des conflits et la réparation des dommages, c'est davantage pour donner l'opportunité aux personnes concernées de s'autonomiser et de se responsabiliser plutôt que pour revendiquer une forme d'identité collective. Le communautarianisme tend à accorder une grande importante à l'identité communautaire, mettant l'accent sur les obligations et les valeurs partagées au sein de la communauté. Or une telle approche serait inadaptée, voire nocive pour les individus eux-mêmes.

Pour expliciter ce dernier point, il faut d'abord revenir à la difficulté de la caractérisation de ce terme ; si elle s'avère consubstantielle à nos sociétés occidentales, des éléments pratiques viennent également obscurcir notre clarification. La « communauté » correspondrait dans les grandes lignes à l'ensemble des personnes partageant un intérêt commun, ou un problème commun. En l'occurrence, il s'agirait ici d'un conflit impactant un groupe d'individus. Mais quelle est la nature de cet impact ? Ce nombre de personnes doit-il être limité ? Faut-il le restreindre à un niveau local ? Le crime toucherait en premier lieu les protagonistes (victimes et auteurs) mais aurait également des répercussions sur les proches et l'entourage des personnes directement impliquées à plus ou moins grande échelle. Peut-on étendre ce « commun » à ceux qui ressentent une affliction en suivant l'affaire devant leur poste de télévision ? Faut-il l'étendre au sentiment général d'insécurité – renforcé par le phénomène criminel – auquel font face les citoyens ? La détermination de limites fixes pose donc problème. Si les programmes de justice restaurative s'établissent le plus souvent à un niveau local, ses partisans s'accordent sur le fait que la communauté n'est pas réductible à un lieu : « 'community' does not have to correspond to any particular physical or geographical entity. For the purpose of conferencing and so on, the circle of relatives, supporters and significant others that each party has is sufficient as a basis for involvement and intervention. Each person, in other words, has their own com- munity centred on themselves [1] ».

Ce terme est difficile à définir, ce qui pourrait entraîner des problèmes pratiques dus à son interprétation au sein de la justice restaurative [2]. Quoi qu'il en soit, les rencontres sont le plus souvent composées des proches des victimes et auteurs, mais il ne s'agit pas de définir des frontières précises, basées sur des éléments factuels comme les liens de parenté, notamment. En France, les « membres de la communauté » sont des bénévoles, spécialement formés, ne partageant aucun lien avec les participants mais jouent un rôle essentiel dans l'attestation de l'intérêt de la communauté dans l'initiative. S'il ne faut pas admettre une définition trop stricte de la « communauté », il faut cependant la distinguer de la société civile. Même si le sentiment d'insécurité criminelle est susceptible de toucher une population, il reste alimenté par les médias et ne résulte pas nécessairement d'une expérience de victimisation. De plus, le terme de « société » est en réalité englobant, la société civile désigne un ensemble de groupes agissant en dehors du gouvernement et du secteur privé afin de promouvoir des intérêts communs ou de poursuivre des causes sociales, politiques ou humanitaires. Ainsi elle agit par le biais de représentants, pour défendre les intérêts de leurs membres. La conception de la communauté dans le cadre de la justice restaurative implique au contraire que les personnes s'expriment pour elles-mêmes.

Il faut dès lors comprendre que la justice restaurative ne peut pas être associée au communautarianisme, puisque ce dernier met l'accent sur une identité collective. La communauté surpasserait l'individu puisque son identité serait façonnée par les

1. MARSHALL Tony F., *Restorative Justice: An Overview*, 1998, p. 29 available on http://www.antoniocasella.eu/restorative/Marshall_1999-b.pdf.

2. WALGRAVE, Lode « La justice restaurative : à la recherche d'une théorie et d'un programme », *Criminologie*, vol. 32, n° 1, Montréal, Presses de l'université de Montréal, 1999, p. 7-29.

traditions et la moralité qu'il partage avec les autres membres. Le groupe finit par avoir une plus grande importance que l'individu. Or, bien que la justice restaurative puisse impliquer la participation de la communauté, son objectif principal est de promouvoir le bien-être individuel et la responsabilité des parties impliquées plutôt que définir une identité à travers la communauté. Cette perspective serait même contre-productive. Giuseppe Maglione s'est penché sur ce point, soutenant que le risque de la conception d'une « communauté idéale » dotée d'une identité normalisée serait d'une part de réduire la singularité de chacun de ses membres, mais également d'exclure les individus qui ne parviendraient pas à s'inclure dans une communauté, ou dans la communauté qui leur est adaptée [1]. Cette communauté normative admettrait une catégorisation du bien ainsi que de la victime et du délinquant commune, limitant les possibilités de coopération et de désaccords essentiels entre les individus impliqués. Les mesures de justice restaurative deviendraient l'inverse de ce qu'elles sont censées promouvoir : la réparation, et l'autonomisation de chacune des parties. Nancy Fraser avait élaboré une critique de l'espace public « idéal » proposé par Habermas. Ce dernier soutenait que la forme idéalisée de l'espace public (rationnel, ouvert à tous et faisant abstraction de toute inégalité) ne trouvait pas d'incarnation dans la réalité mais devait servir d'horizon vers lequel tendre. Mais en affirmant cela, il manquait de vue l'idée que l'espace public se constitue sur l'exclusion de certains groupes sociaux. L'habilitation à la participation à l'espace public diffère selon que l'on est une femme, un ouvrier ou un cadre en entreprise. Habermas avait lui-même discuté des origines de l'espace public [2], prenant sa source dans les salons bourgeois du XVIIIe siècle en Europe, mais en l'idéalisant il contribue à ignorer l'exclusion de certaines classes sociales et fait passer pour universelle la classe bourgeoise masculine. Selon Fraser, il a toujours existé des publics alternatifs, comme des assemblées non mixtes. Si au sein de

1. MAGLIONE Giuseppe, *Communities at Large : An Archeological Analysis of the 'Community' within Restorative Justice Policy and Laws*, Crit Crim 25, 453–469 (2017).

2. HABERMAS Jürgen, *L'espace public*, 1962.

l'espace public, certains ne parviennent pas à faire entendre leur voix, la constitution de « contre-publics subalternes » permet davantage de « développer leur propre interprétation de leurs identités, de leurs intérêts et de leurs besoins [1] ». La version féministe de ces publics alternatifs à la fin du XXe siècle aux États-Unis a permis l'élaboration d'un langage commun avec la création d'expressions représentatives telles que le « sexiste » ou le « viol conjugal ».

Par extension, l'idéalisation de la communauté comme espace libre de communication dans certains discours peut conduire à l'invisibilisation de l'exclusion et à la marginalisation des personnes qui ne correspondent pas aux normes préétablies de la communauté. Il convient donc dans le cadre de la justice restaurative de porter l'attention sur les individus et de prendre en considération les attentes de chaque personne concernée, plutôt que de travailler à l'identification d'une identité collective.

Si la communauté est souvent définie comme une « partie prenante [2] », un acteur collectif reconnaissant ses responsabilités vis-à-vis du crime, il s'agit de nuancer cette caractérisation. La « communauté » comme entité collective risque de contribuer à renforcer l'isolement de certains individus, ce qui ne corrobore pas l'idéologie sous-jacente à la justice restaurative. Si l'État ne peut constituer une entité – en l'occurrence une victime – la communauté ne peut pas non plus être conçue comme telle, au risque de créer une nouvelle forme d'exclusion des personnes singulières. L'individu outrepasse la communauté. Cette dernière ne doit pas impliquer l'acceptation formelle de principes communs. Les désaccords peuvent permettre au contraire la mise en évidence des singularités de chacun et de favoriser un discours nuancé, susceptible d'être plus fécond dans la reconnaissance des responsabilités et des implications de l'acte criminel.

La justice restaurative doit donc rester dans une perspective émancipatrice et critique vis-à-vis de sa compréhension de la

1. FRASER Nancy, *Qu'est ce que la justice sociale ?,* ed La Découverte, Paris, 2005, 2011, p. 126.

2. MAGLIONE , Giuseppe, *op.cit.*

communauté. Elle doit donc impérativement être distincte de toute revendication communautariste ou communautarianiste.

Sur quelle définition de ce terme faut-il s'accorder dans le cadre de notre sujet ? L'institut Français pour la Justice Restaurative éclaire ainsi :

« La communauté se définit comme un espace social relationnel au sein duquel les individus évoluent. Elle peut être constituée sur une base relationnelle ou d'une activité (de travail, caritative, spirituelle, culturelle, sportive et ou ludique, notamment). Sa caractéristique se résume au travers du partage d'intérêts communs, de liens de solidarité et de l'ouverture de chacun de ses membres sur le monde social et culturel qui l'entoure [1] ».

Bien que cette définition reste vague, il faut se pencher sur cet « espace social relationnel » qui est aux antipodes de l'apathie inhérente à l'expérience du système pénal. La justice restaurative part de l'idée que les individus sont pris dans des réseaux de relations interpersonnelles et qu'en ce sens le crime est susceptible de déstabiliser non pas un seul individu mais l'ensemble de la communauté. Si les limites précises dans la considération des personnes légitimes à participer aux mesures de justice restaurative sont difficiles à déterminer – précisément parce que tout le monde est légitime à ressentir une victimisation ou à se sentir concerné par un tel événement – il ne s'agit justement pas de tenter d'établir des critères précis qui, comme il a été constaté, contribueraient au contraire à exclure certains individus de la discussion, là où la justice restaurative cherche à revaloriser l'autonomie de tous les oubliés de la justice pénale. Cette dernière doit conserver une forme de résistance critique à la domination des cadres juridiques et aux conceptions essentialistes des réseaux sociaux qui dissimulent l'exclusion et les divisions structurelles antagonistes, elle ne doit donc pas succomber à admettre une stricte définition juridique. Il s'agit de passer d'une conception de la communauté en tant qu'acteur fictif, ontologiquement construit sur l'exclusion des différences à

1. *Guide à destination des membres de la communauté*, IFJR, 2020, p. 13.

une vision de la communauté comme processus évolutif inachevé, où l'appartenance ne détermine pas nécessairement l'identité [1].

La mobilisation de la communauté dans le cadre de programmes de justice restaurative favorise donc l'autonomie des individus sur un plan plus large que les protagonistes, assurant globalement une reprise de l'autorité du contrôle social, jusque-là cédé à l'État. Le conflit doit être réapproprié par toutes les parties concernées. La communauté est donc essentielle dans le déplacement de l'État comme détenteur légitime des conflits humains. Cette implication prend généralement deux formes différentes [2] : (1) en faisant participer les parties prenantes directes, c'est-à-dire le réseau de la victime ainsi que celui de son auteur. C'est ainsi qu'un conflit peut être traité globalement, où l'auteur du crime pourra trouver l'opportunité de réparer les dommages et de traiter les conséquences sur le long terme de son acte. Les proches pourront trouver de leur côté des réponses à leurs questions, examiner les causes qui ont pu mener l'auteur à agir ainsi. (2) Il est également possible d'impliquer des « représentants » de la communauté, bien que ce terme soit équivoque et qu'il semble se rapprocher de ce qui avait été rejeté plus haut. Les participants aux rencontres doivent être considérés pour leurs singularités, ils ne doivent venir que pour eux-mêmes et pour leurs propres intérêts, certainement pas afin de « représenter » une portion de la société ou la communauté. C'est ce que désigne le titre de « membre de la communauté » en France. Ces individus sont sélectionnés parmi des volontaires ayant des profils divers afin d'obtenir les échantillons les plus inclusifs possibles. La communauté peut donc être conçue entre une micro-communauté d'acteurs directs et une macro-communauté qui n'est pas directement impliquée mais fait preuve des intérêts de la communauté au sens large lors des rencontres, et témoigne de l'importance plus globale à un niveau sociétal de traiter les conflits autrement que par l'intervention des institutions juridiques. L'intervention de la communauté

1. MAGLIONE Giuseppe, *op.cit.*, p. 465.

2. *Ibid*, p. 457-458.

dans l'une de ces formes permet donc à la fois de traiter les répercussions du crime sur des personnes touchées mais qui n'auraient eu aucune considération au sein du système pénal, mais également de générer un impact significatif sur la conscience collective et la participation citoyenne : l'intervention de la macro-communauté peut sensibiliser les individus aux enjeux de la criminalité, de la réparation des torts et la réconciliation, et leur offre l'opportunité de prendre directement part à la résolution de problèmes sociaux et juridiques, conduisant à plus long terme une plus grande participation des citoyens.

Il faut donc partir du principe que les protagonistes ne sont pas les seuls à être concernés par le crime, et que ce qui est désigné à travers la « communauté » a été plus globalement touchée et en subit également les répercussions. Il est donc possible de considérer que les membres constituent des victimes secondaires. Au-delà des pertes matérielles, du préjudice physique et psychologique (comme la perte ou la blessure d'un proche), les théoriciens de la justice restaurative mettent l'accent sur la déstabilisation du « lien social » qui impacte l'ensemble de la communauté. Ces pertes peuvent donc être dites « symboliques » [1], elles correspondent à un abus de confiance ou à la dégradation des liens interpersonnels entre les parties, responsables d'un sentiment de peur et d'insécurité. La confiance et le respect mutuel entre les individus sont rompus, ce qui entraîne une fragmentation de la communauté et une diminution du soutien social. Les cercles de guérison et de sentence sont susceptibles, par leur dynamique communicationnelle et délibérative, de reconstruire les relations endommagées, de restaurer une potentielle confiance et de rétablir le sentiment de sécurité. La communauté était difficile à distinguer et à définir dans nos sociétés contemporaines, mais l'appropriation du conflit par l'État détruit la possibilité de reconstruire ce qui en reste. Comme le soutient Howard Zehr, « lorsque l'État prend seul en charge le traitement d'une infraction, cela amoindrit le sentiment que nous avons de faire partie d'une communauté [2] ». La justice

1. *Ibid.*, p. 458.

2. ZEHR Howard, 2012, *op.cit.*, p. 40.

restaurative constituerait donc le moyen le plus efficace de pallier cette apathie communautaire, en réactivant par la discussion et la confrontation le sentiment d'intérêts communs, favorisant par la même la reconstruction du lien social. Hobbes soutenait que la prééminence d'un « léviathan » était nécessaire à la tranquillité ambiante partagée par les citoyens et au respect mutuel [1], mais l'existence par-delà la confiance envers le pouvoir punitif du souverain du phénomène criminel récuse cette idée, puisqu'il génère quand bien même cette insécurité chez les individus qui se sentent dépossédés de leurs moyens de se défendre. La responsabilisation qui est ici recherchée à travers la participation directe à la résolution du conflit est donc plus à même de favoriser la paix sociale. Le pacte symbolique s'y renouvellera bien mieux que par l'intervention exclusive d'un médiateur étatique :

« Ainsi en va-t-il de la justice reconstructive qui postule que l'accord s'avèrera plus régénérateur que le formalisme pénal. À travers le protocole de réparation, c'est le pacte social qui est réactivé symboliquement. Le conflit devient une source de socialisation, l'occasion de réaffirmer le pacte initial, d'éprouver la compétence citoyenne [2] ».

Cette responsabilisation doit donc passer par la reconnaissance mutuelle des implications de chacun à l'égard de l'évènement criminel, il s'agit de reconnaître les dommages causés, tant aux victimes qu'à la communauté dans son ensemble, ainsi que les responsabilités de chacun dans la restauration des relations et de la réparation des torts. Le point final de cette intégration de la communauté au sein du processus consiste comme il a été vu précédemment à réintégrer le criminel, que ce soit symboliquement par sa participation active à la discussion, ou activement par le biais de gestes de compréhension ou d'énoncés performatifs réintégrants (acceptation d'excuses, déclarations de soutien, engagements de non-discriminations, notamment).

1. HOBBES Thomas, *op.cit.*

2. GARAPON Antoine, *op.cit.*, p. 318.

La réintégration visée est donc triple au sein de la justice restaurative : celle des victimes, des auteurs ainsi que de l'ensemble de la communauté elle-même. Il fallait insister sur ce dernier point, puisqu'il met en évidence l'importance de considérer toutes les personnes impliquées dans un conflit dans sa résolution et dans la réparation. Il s'agit de restaurer un équilibre qui a été rompu dans un réseau de relations, ou du moins de le reconstruire par les individus eux-mêmes. Il faut recréer du commun. Habermas insistait sur le potentiel du dialogue à contribuer à la constitution progressive de ce commun. La discussion serait la condition rationnelle de l'élaboration d'une justice sociale. Les conditions mêmes de l'exercice communicationnel présupposeraient des normes de validité afin de rendre possible la coopération. La communication serait à la base de la compréhension mutuelle et de la coopération sociale, il promeut dans cette optique une démocratie délibérative, où les décisions politiques seraient prises avec un processus de discussion publique, rationnelle et ouverte. Dans ce cadre, cette activité serait constitutive de la société, voire sa condition de possibilité. C'est elle qui permettrait de définir les normes sociales partagées, ainsi que les valeurs essentielles à toute communauté. Elle serait en ce sens distincte de l'activité stratégique, qui serait de l'ordre de l'extorsion et de la manipulation [1]. La communication irait donc de pair avec le principe de la communauté, puisqu'elle serait la condition de l'émergence et de la réitération d'un commun. Contre l'appropriation par l'État et les professionnels du droit du traitement des crimes et des préjudices – caricaturée précédemment comme une scène de théâtre, où le langage abstrait et les stratégies éloignées de la reconnaissance de la vérité qu'ils étaient censés promettre excluaient les personnes concernées – la justice restaurative se présente comme une opportunité pour les individus de s'activer à travers la l'exposition de leur intérêt commun, la reconstruction du lien social.

1. HABERMAS Jürgen, *Morale et communication*, 1986.

3

Application et perspectives pratiques

A. La justice restaurative en France

En 2010 s'est tenue la première Rencontre Détenus/Victimes (RDV) en France à la maison centrale de Poissy à titre expérimental. Cela faisait suite aux XXVIIIe Assises nationales de l'INAVEM en juin 2008 portant sur le thème « De la réparation à la restauration ». Jean-Jacques Goulet, un coordonnateur de cercles de soutien et de responsabilité au Québec y avait présenté le programme des RDV, son exposé avait alors intéressé François Goetz – à l'époque directeur du Service Pénitentiaire d'Insertion et de Probation des Yvelines – qui présenta son intérêt de donner lieu à une expérimentation de ces rencontres en France à l'INAVEM (actuellement France-Victimes). Tout cela fut mis en œuvre deux ans plus tard à Poissy. Les résultats furent grandement convaincants [1] et jouèrent un rôle majeur dans la constitution de la loi du 15 août 2014 généralisant la possibilité de recourir à une mesure de justice restaurative « à l'occasion de toute procédure pénale et à tous les stades de la procédure, y compris lors de l'exécution de la peine [2] ». Cette

---

1. V. le compte-rendu de M'BANZOULOU Paul dans « L'expérimentation des rencontres détenus-victimes à la maison centrale de Poissy : enjeux et résultats observés », *Revue juridique de l'Océan Indien*, 2015, 21, p. 225-238. hal-02547863.

2. Article 10-1 du Code de procédure pénale.

législation s'est complétée au fil des années et cette première expérience a engendré une méthode rigoureuse qui a été élaborée minutieusement au fil des années par des professionnels.

Comme il a été précisé plus haut, l'intérêt pour les victimes et la considération de leur souffrance a commencé à réémerger au milieu du XXe siècle. Albert Eglash fut, semble-t-il, le premier à théoriser la possibilité de rencontres entre victimes et auteurs d'une infraction, mais les premiers écrits autour du sujet furent vulgarisés à partir de la fin des années 1970. De là, des mesures purent être mises en place et généralisés aux États-Unis à partir de 1976 avec les Victim Offender Reconciliation Programs (VORP), mais également au Canada et dans les pays Anglo-saxons [1]. En France, l'Institut Français pour la Justice Restaurative a été créé en 2013 par Robert Cario, qui a consacré la majeure partie de ses travaux à ce sujet. L'approche globale de cette justice restaurative semblait rendre le mieux compte tout à la fois des conséquences du crime mais particulièrement de ses répercussions qui perdurent après le prononcé de la décision de la justice. Parmi les mesures proposées, on peut retrouver la médiation restaurative, qui met en scène un face-à-face direct entre la victime et l'auteur, accompagnés par un animateur ; mais également les conférences restauratives, les cercles restauratifs judiciaires/ extra-judiciaires et enfin les rencontres détenus/condamnés victimes (RDV/RCV). Ces mesures impliquent la participation des protagonistes, de leurs proches respectifs, des personnes de leurs communauté d'appartenance ainsi que des bénévoles membres de la communauté et des animateurs formés en conséquence.

1. CARIO Robert, *Grandeurs et vicissitudes de la justice restaurative en France,* L'harmattan, coll. Controverses, Paris, 2021, p. 17-18.

Figure 1 : Les différentes mesures de justice restaurative

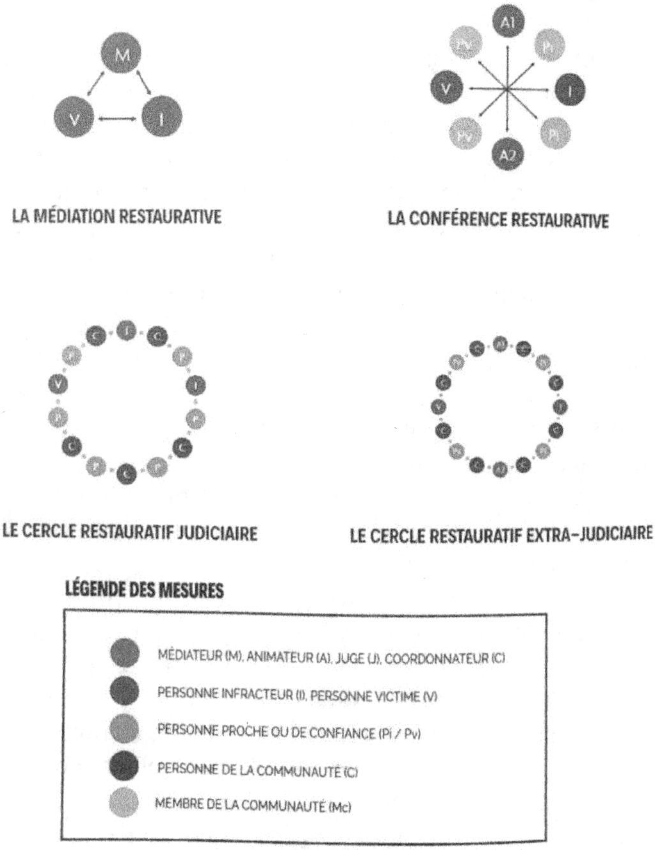

Tiré du Guide des membres de la communauté, p. 9 (IFJR)

Il faut revenir plus précisément au modèle des RDV, puisque c'est celui qui a été appliqué à Poissy lors de la première expérimentation. L'origine de ces rencontres remonterait aux pratiques « face to face » organisées en Angleterre par un aumônier dans les années 1980 [1] . L'objectif était alors d'amener

1. V. sur ce point historique ROSSI Catherine « Le modèle québecois des rencontres détenus-victimes », *Les cahiers de la justice*, Dalloz, 2012/2 (n°2),

des victimes à partager leur expérience à des délinquants afin qu'ils puissent prendre conscience de leurs actes. Cette approche s'est étendue au Canada en 1987 puis au Québec pour y donner sa première expérience effective en 1991, elle fut ensuite perfectionnée jusqu'à ce qu'elle soit renommée « RDV » en 1999. Ces mesures consistent à permettre à des personnes-victimes et des personnes-auteures qui ne se connaissent pas mais qui auraient vécu une affaire similaire de se rencontrer dans un cadre adapté pour qu'ils puissent dialoguer et partager leurs témoignages. Le protocole inclut un premier temps de préparation pour éviter les risques de re-victimisation et tout élément qui pourrait perturber les individus ou l'expérience elle-même [1]. Cela implique une phase de préparation par des entretiens individuels avec les animateurs, chargés d'examiner les motivations des individus ainsi que les attentes et les contraintes de la mesure envisagée. Les victimes et les auteurs se rencontrent ensuite entre eux, afin de faire connaissance et d'installer un climat où chacun se sent à l'aise et soutenu. Les RDV ont lieu dans des lieux adaptés et préparés au sein des centres pénitentiaires, les participants sont répartis en cercles et les animateurs ainsi que les membres de la communauté se placent stratégiquement entre les protagonistes. Ces derniers apportent leur soutien, ils doivent impérativement s'abstenir de tout jugement de valeur. De manière générale, victimes et auteurs dialoguent et les encadrants restent en retrait pour ne pas monopoliser la conversation. Les séances durent trois heures et sont réparties sur cinq semaines, les individus peuvent se passer un « bâton de parole » pour faciliter les échanges, chacun est habilité à partager son expérience, à poser des questions, à s'émouvoir. Ce type de rencontre peut s'avérer grandement thérapeutique à chacun des participants qui sont à même de comprendre pourquoi l'autre aurait agi ainsi, que ce n'était pas de leur faute, que les actes ont des conséquences, que derrière ces rôles il y a des personnes. Il peut être d'autant plus bénéfique

---

p. 107-123.

1. Sur ce point V. la description précise du processus des RDV dans CARIO Robert, « Les rencontres restauratives en matière pénale : de la théorie à l'expérimentation des RDV », *AJ Pénal,* 2011, p. 294-298.

qu'ils ne soient pas directement liés par une affaire commune, notamment pour les victimes dont l'auteur ne serait pas désigné, aurait refusé un face-à-face, ou tout simplement, pour pouvoir au mieux s'exprimer sans pour autant se retrouver aussi intimidé qu'on pourrait l'être avec son propre agresseur. Bien que la phase de préparation soit essentielle afin de faire face à tout imprévu, ces rencontres peuvent conserver leur part de surprise, ce qui n'entraîne pas forcément d'effets négatifs dès lors que l'animateur est formé à maîtriser tout type de situation. Paul M'Banzoulou informe d'un événement qui aurait pu dégénérer lors de la première rencontre en 2010 [1], une personne-victime avait précisé lors des entretiens qu'elle ne souhaitait pas serrer la main des détenus. Mais même si ces derniers avaient été prévenus, l'un d'entre eux avait tendu la main par automatisme. L'animateur aurait pu intervenir mais a finalement laissé la personne concernée accepter ce geste, qui justifia sa décision par le fait « qu'elle n'avait vu en chacun des détenus que des êtres humains et que c'était à ce titre qu'elle souhaitait échanger avec eux durant toutes les rencontres [2] ». Les RDV sont donc susceptibles de faire émerger tout à la fois une responsabilisation des parties prenantes – que l'animateur doit autant que possible respecter et encourager – et un apaisement dû aux réponses que ces derniers peuvent trouver dans ce cadre inédit : « Parfaitement adaptables à notre culture, tant philosophique, juridique que pénologique, elles offrent aux bénéficiaires la possibilité d'entrevoir un authentique apaisement, au-delà de l'autorité de la chose jugée [3] ».

1. M'BANZOULOU Paul, *op.cit.*, p. 230-231.

2. *Ibid.*

3. CARIO Robert, 2011, *op.cit.*, p. 295.

Figure 2 : Les Rencontres Détenus/Condamnés Victimes

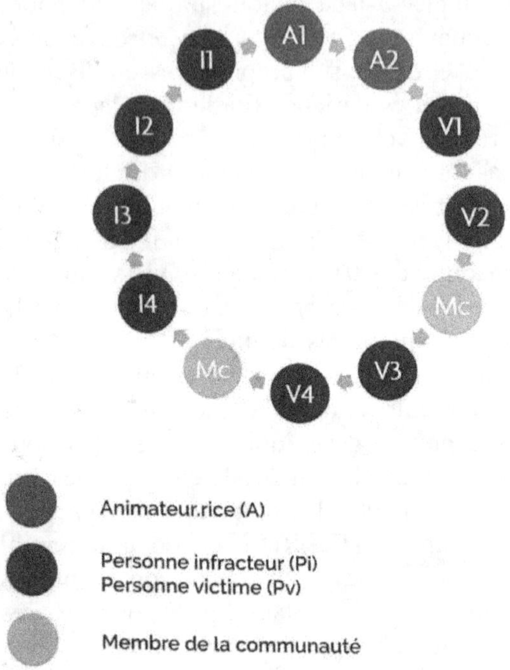

Tiré du Guide des membres de la communauté, p. 17 (IFJR)

C'est donc en grande partie grâce aux résultats satisfaisants de cette expérimentation à Poissy que le cadre législatif de la justice restaurative en France put se former. L'article 10-1 du Code de procédure pénale fournit un éclaircissement quant aux conditions préalables à toute mesure : tout d'abord, (1) les faits doivent être reconnus par tous, si un « déni partiel » peut être passager et conduit souvent à la reconnaissance des faits, un « déni massif et répété exclut le recours à une mesure restaurative [1] ».

1. CARIO Robert, « La CIIVISE et la justice restaurative. Une charge excessivement « injuste » », Dalloz actualité, 2024, https://www.dalloz-actualite.fr/node/ciivise-et-justice-restaurative-une-charge-excessivement-injuste.

(2) L'information la plus complète possible doit être donnée en amont aux participants, que ce soit au niveau du déroulement qu'aux limites de ce qui est envisagé conformément à leurs attentes. (3) Le consentement est également une obligation, celui-ci met l'accent sur le caractère exclusivement volontaire de la participation. Aucun professionnel du droit n'est en mesure d'imposer une mesure à quiconque, il est possible d'interrompre le processus à tout moment. Cela implique également pour les auteurs que leur contribution ne peut donner en aucun cas donner lieu à une réduction ou à un aménagement de sa peine, afin de s'assurer de la sincérité des individus. (4) Les animateurs comme les bénévoles membres de la communauté doivent être formés. La formation dont ils bénéficient est rigoureuse compte tenu de leur rôle à jouer dans le déroulement, ainsi que de l'étendue des risques relatifs à leur conduite. (5) Enfin, le contenu des échanges, que ce soit lors des entretiens que lors des rencontres effectives, doit rester strictement confidentiel, outre les cas admis comme exceptions par la Loi [1]. Dès lors que ces conditions peuvent être remplies, une mesure de justice restaurative doit avoir lieu, il n'appartient aucunement au magistrat ou à n'importe quel professionnel de s'y opposer, le participant est le seul à décider. Ceci vaut aussi bien pour les personnes majeures que pour les personnes mineures : si certains s'opposent fermement à l'implication de mineurs dans des mesures de justice restaurative, notamment pour des affaires d'incestes, craignant le risque de dommages psychologiques supplémentaires, il faut remarquer que l'article L13-4 réservé au cas des mineurs renvoie précisément à l'article 10-1. Cet article ajoute seulement deux conditions : le « consentement des représentants légaux » ainsi que « le degré de maturité et la capacité de discernement du mineur » devant être suffisants pour le permettre. Ce dernier point reste complexe : d'une part, le discernement constituerait chez l'enfant la capacité à formuler ses propres opinions sans l'intervention d'un tiers laquelle nécessite d'être traitée au cas par cas [2] (non en fonction de l'âge). D'autre part, il est difficile

---

1. CARIO Robert, 2021, *op.cit.*, p. 29-31.

2. V. Blandine Mallevaey : « Audition et discernement de l'enfant devant le juge aux affaires familiales », in *Mission de recherche Droit et Justice* :

d'évaluer l'âge de la maturité, notion assez vague traditionnellement accordée à des individus âgés de dix-huit ans. De nombreux arguments en faveur de l'augmentation de l'âge de la maturité incluent des considérations sur le développement cognitif des jeunes personnes, l'accès à l'éducation et aux opportunités ainsi que sur la protection des individus dans un monde en évolution. Ces deux points restent donc discutables quant à leur justification, il incombe au juge de déterminer si l'enfant est capable de discernement ou suffisamment mature, ce qui semble arbitraire lorsque ce dernier peut librement choisir les différents facteurs qui interviendront dans sa décision. Outre cette difficulté, il faut comprendre que si les conditions précisées par la loi sont effectives, aucun tiers n'est habilité à s'opposer à une mesure de justice restaurative. Tout repose sur la décision des individus, quelle que soit la nature de l'acte criminel, puisque la loi ne différencie pas les actes. De même que pour les affaires de violences domestiques pour des personnes majeures, refuser à quelqu'un la possibilité de participer à ces rencontres revient d'une part à nier son autonomie, mais également à le laisser se débrouiller seul. Bien qu'il soit possible pour une victime d'accéder à des soins, son indemnisation n'est pas toujours accordée, elle se retrouve, dans ce cas, démunie de tout moyen de se réparer.

Le protocole français des mesures a été établi par l'IFJR. Au même titre que le seul objectif des mesures restauratives repose sur le dialogue, la méthodologie choisie consiste à le rendre possible. L'approche relationnelle, élaborée par les québécois Catherine Rossi et Serge Charbonneau, en constitue le modèle [1]. Elle vise à créer un espace sûr et respectueux où les participants peuvent exprimer leurs besoins.

Robert Cario décrit le protocole, décliné en trois phases [2] : une

---

http://www.gip-recherche-justice.fr/publication/audition-et-discernement-de-lenfant-devant-le-juge-aux-affaires-familiales-2/.

1. Voir CHARBONNEAU Serge, ROSSI Catherine, *La médiation relationnelle. Rencontres de dialogue et justice réparatrice,* Ed. L'Harmattan, coll. Criminologie, 2020, p. 20.

2. CARIO Robert, 2021, *op.cit.,* p. 51-65.

phase préalable, qui implique que tous les acteurs désirant s'engager dans un programme restauratif signent une « convention de partenariat » ; une phase préparatoire où les attentes des participants potentiels sont explorées, de manière individuelle, dans le cadre d'ateliers dirigés par les animateurs et enfin une phase opérationnelle où l'échange peut s'effectuer.

Le moment de préparation est essentiel au bon déroulement de la rencontre. Il importe que l'animateur soit spécialement formé afin d'utiliser certains outils : (1) d'abord, il doit aborder une « écoute attentive », qui doit être distinguée d'une « écoute active » ou « réflective [1] ». Sa posture doit se résumer à ne pas interrompre l'autre, l'écouter sans jamais restreindre son attention et se garder de toute reformulation. Ce point est primordial : il faut concevoir que les personnes-victimes ont été habituées à être coupées, ou à ce que leurs témoignages soient déformés. Si cette exclusion peut être traumatisante, la justice restaurative vise inversement à favoriser la réparation par l'autonomie, l'animateur doit donc offrir son soutien et son savoir-faire tout en sachant s'effacer suffisamment pour que tout l'intérêt soit tourné vers l'individu. (2) Le médiateur doit ensuite l'inviter à se dévoiler, du point de vue de ses attentes ainsi que de son vécu. Toujours dans un rôle effacé, il ne doit pas se présenter comme un expert mais au contraire comme une sorte d'ignorant qui écoute attentivement l'autre. (3) Il s'agit alors de scénariser les potentiels échanges durant la rencontre. Afin d'éviter toute surprise désagréable ou de risquer une seconde victimisation, les échanges avec l'animateur doivent permettre de s'attendre à toute réaction négative, toute forme d'imprévu. La personne est incitée à imaginer comment la rencontre pourrait se dérouler, quel comportement adopter si ce dernier réagit de telle manière, etc. Cette étape vise à préparer les individus à accepter que toutes leurs attentes ne puissent être satisfaites.

Ces « ateliers de communication » permettront à l'animateur à leur issue de s'assurer que la rencontre, quelle que soit la mesure envisagée, pourra avoir lieu ou non en fonction des réelles motivations des individus observées. Les échanges avec

---

1. *Ibid.*, p. 60.

l'animateur peuvent être bénéfiques et sont en eux-mêmes restauratifs. L'intervenant ne doit pas confondre sa posture avec celle d'un psychologue puisque là n'est pas son rôle. Mais la méthode qu'il mobilise, entre l'écoute attentive du vécu et des attentes de l'individu ainsi que la scénarisation la plus précise possible d'une potentielle rencontre, génère des effets proprement cathartiques. Ces ateliers nécessitent ainsi quelques conditions, résumées sous l'acronyme « M.A.I.S » : le « M » représente le « moi » de la personne qui doit être écoutée et doit pouvoir s'exprimer en toute liberté sans crainte de jugement ; le « A » correspond ensuite à la prise en compte de l' « Autre », non pas dans une optique de pardon, de réconciliation ou de compréhension mais dans l'examen des raisons qui auraient pu l'amener, lui aussi, à participer à une mesure de justice restaurative. L'« Information » « I » consiste à offrir au participant une parfaite transparence sur tous les aspects du dispositif, que ce soit à propos de son déroulement, de la posture de l'animateur, des droits, de la confidentialité, des bénéfices. Enfin, le « S » renvoie à cette condition non négligeable de la « Sécurité » qui comporte trois dimensions : examiner les « mécanismes de protection dont elle dispose au quotidien », entre le soutien des proches ou l'existence de services mobilisés, mais également les « aléas extérieurs potentiels » auxquels la personne peut être confrontée durant le processus ainsi que l'analyse par l'animateur des motivations respectives et de leur éventuelle concordance/discordance. Ces derniers points afférents à la sécurité du déroulement des rencontres doivent aiguiller le facilitateur dans son examen de la pertinence de leur effectivité.

Lorsque la rencontre peut être mise en place effectivement, il convient encore de mettre l'accent sur le respect de l'autre. Bien qu'aucune émotion ne doive être inhibée, puisque l'acceptation de ses propres sentiments est essentielle à la restauration, aucune partie ne doit être rejetée. La justice restaurative part du principe que les individus, avant que le droit ne les cristallise dans des rôles (le « criminel », la « victime »), restent des personnes. Il s'agit donc de reconnaître chacun en tant qu'être humain qui possède ses propres réactions. Ce point est fondamental sans qu'il n'implique que l'on puisse pardonner ou envisager la construction d'une nouvelle relation. La colère, les pleurs, les remords sont des évènements qui doivent être normalisés et acceptés. Mais la participation effective au dialogue implique que chaque participant soit égal à tout autre en cela qu'il est reconnu comme une personne qui a le droit de s'exprimer sans qu'on ne l'interrompe. Tous ces points sont évidemment symboliques, ils semblent pour autant produire des effets bénéfiques sur les participants qui avaient été habitués à ce que leur valeur personnelle, au-delà de leur statut juridique, soit peu prise en compte. Le criminel, qui avait été exclu de la communauté morale se retrouve symboliquement « réintégré » et la victime qui avait été réduite au silence peut désormais dialoguer et être écoutée. Il ne faut pas perdre de vue l'idée que la justice restaurative doit permettre la restauration et la réintégration de toute partie.

B. Les limites de la justice restaurative

Depuis son implantation en France, la justice restaurative n'a eu de cesse de convaincre les esprits. Les témoignages recueillis, associés aux résultats positifs et au développement de la législation, ne peuvent que renforcer notre optimisme quant à son avenir. Depuis ses premières expérimentations, ce modèle a su démontrer son potentiel à transformer l'approche du phénomène criminel, pour une justice plus humaine et réparatrice, capable de renforcer le tissu social et de réduire la récidive. Il convient pour autant d'établir quelques difficultés. Le manque de moyens ou de temps, une compréhension incomplète erronée ainsi que sa dépendance au système pénal freinent encore son déploiement à grande échelle. Ces obstacles nécessitent une attention particulière, il s'agira donc d'explorer ces limites, qui loin d'être irréversibles pourraient être surmontées en identifiant des solutions concrètes afin que la justice restaurative puisse s'imposer davantage, qu'elle ne soit pas simplement « victime d'un « effet de mode » et finalement reléguée au second plan face à de nouveaux objectifs [1] ».

1. *Enquête nationale sur la justice restaurative*. 2020, multigraph., Pub. IFJR, justicerestaurative.org, p. 92.

Une première difficulté, sans doute la plus contraignante de toutes, concerne le problème du financement de la justice restaurative, en particulier en France. Comme le renseigne l'Enquête nationale des programmes de justice restaurative de 2018, il existe trois sources de financement [1] : la « justice » constitue la plus grande subvention. Elle englobe les fonds alloués par les Cours d'Appel à travers le programme 101 destiné aux AAV (Associations d'Aide aux Victimes) mais également ceux des SPIP. La région dans laquelle la mesure est censée avoir lieu ainsi que les fonds propres des structures elles-mêmes représentent les deux autres sources, bien moindres. Malgré cette mobilisation, les moyens disponibles sont insuffisants au regard de ce qu'impliquent l'élaboration et la mise en pratique des rencontres. L'IFJR mobilise un nombre restreint de personnels salariés dû à cette lacune, les professionnels utilisent énormément de leur propre temps et travaillent en bonne partie bénévolement. Même si cette implication est volontaire et résulte certainement de la confiance de ces individus dans le potentiel de la justice restaurative, le risque d'épuisement est à craindre, il est légitime de se demander si un tel engagement durera dans le temps. Le nombre de personnels reste insuffisant, et les membres peinent à s'organiser entre eux. La formation ainsi que leur rémunération représentent un certain coût, il n'est donc pas possible pour le moment de prévoir la salarisation d'un grand nombre de personnes. Plus généralement, l'absence de coordination et de partage efficace des ressources (financières, humaines et matérielles) entre les différentes organisations et parties prenantes tend à freiner la mise en œuvre de rencontres. Le manque de financement impacte de cette manière l'effectif du personnel, la possibilité d'infrastructures permanentes, l'existence d'un poste consacré à « la recherche-action » ou à la « recherche-évaluation » et rend difficile la « mutualisation des moyens [2] ». L'idéal serait de parvenir à obtenir un financement pérenne, qui puisse permettre à la juste restaurative de

1. *Enquête nationale des programmes de justice restaurative*, 2018, IFJR, justicerestaurative.org, p. 18.

2. *Enquête nationale sur la justice restaurative*, Ibid.

véritablement s'installer et s'organiser sur le long terme.

À ceci s'ajoute l'aspect chronophage de la mise en place des mesures de justice restaurative. Entre le temps de formation des personnels, animateurs et membres de la communauté, l'attente de la signature de la convention de partenariat entre toutes les parties impliquées, la mobilisation des ressources matérielles, le recrutement des participants, l'aménagement des différentes phases des mesures, tout ceci associé à un manque de moyens, la mise en pratique de la justice restaurative ne semble pas être encore suffisamment efficace. Le temps de préparation, où victimes et auteurs participent à des ateliers de communication, n'a pas une durée réglementaire en raison de sa nature. Cette phase doit permettre à tout individu de se préparer à une prochaine rencontre et doit induire l'animateur à évaluer la possibilité de l'organiser effectivement.

Bien qu'elle suive une méthodologie précise, elle doit tout à la fois être appliquée sur mesure au participant, ce qui implique une certaine durée avant d'engager la suite. Puisque la justice restaurative repose sur son caractère exclusivement volontaire, chacun est libre d'arrêter le processus à tout moment, ou de demander sa prolongation. Bien que ce point coordonne parfaitement avec les valeurs philanthropiques propres à notre modèle, cela constitue une authentique perte de moyens, déjà pauvres en l'état actuel, et contribue à renforcer le surmenage chez les personnels impliqués. Le travail en partenariat peut également expliquer en partie cet aspect de la justice restaurative en France, qui tend à ralentir considérablement la concrétisation de rencontres.

Ces problématiques ne semblent pas être exclusives à la France. Voici le constat que rapporte Catherine Rossi en 2012 à propos des RDV : « À l'heure actuelle, ce modèle se heurte en pratique à une dure réalité : système de financement difficile, publicité et recrutement des participants parfois bloqués par des rouages institutionnels, réunions et formations continues devenant de plus en plus incontournables. Ces défis constants doivent pourtant être assimilés par une structure qui repose sur un travail bénévole, sans la moindre contrepartie matérielle et légalement rattachée, sur le sol québécois [1], aux organismes dits de bienfaisance »

Comment expliquer ce manque de financement ? Il semble que la justice restaurative, encore naissante du moins dans les mœurs, ne semble pas encore générer suffisamment d'intérêt pour bénéficier d'un important soutien financier, parallèlement à une justice traditionnelle coûteuse qu'on ne cesse de critiquer mais dont les principes fondamentaux sont rarement remis en question. Il s'agirait de favoriser la communication autour du phénomène restauratif, afin que le grand public puisse davantage en prendre connaissance et d'insister sur la clarification de ses principes et de son fonctionnement. La justice restaurative reste marginalisée du fait de son impopularité actuelle, sa diffusion à grande échelle est donc essentielle, puisque cela pourrait à terme débloquer de nouvelles sources de financements et des fonds plus considérables.

Si le problème des moyens disponibles au développement efficace de la justice restaurative représente la plus grande difficulté pratique, une raison – qui constitue elle-même un problème en soi – demeure celle de l'incompréhension générale et des erreurs de jugement à son égard. Comme il a été soutenu plus tôt, la justice restaurative est difficile à comprendre. Malgré l'abondante littérature (majoritairement anglophone), il se trouve que la diversité de ses pratiques, de ses formulations théoriques et de la difficulté dans la description de sa véritable émergence historique, ne fait que renforcer son caractère insaisissable. Les controverses à son sujet, telles que son association à une doctrine religieuse ou encore son caractère intrinsèquement vindicatif, proviennent également de cette mécompréhension. Certains de ses principes sont susceptibles de provoquer la réticence, tels que celui de la communauté qui n'a pas suffisamment d'ancrage culturel en France par comparaison avec d'autres pays comme le Canada. Tout ceci entraîne un cercle vicieux : en n'étant pas largement reconnue, la justice restaurative peine à attirer l'attention et le soutien nécessaires de la part des décideurs politiques, des institutions publiques et du secteur privé. Par

1. ROSSI Catherine, 2012, *op.cit.*, p. 122.

conséquent, les financements alloués à ses programmes restent limités. Ce manque de ressources financières freine son développement et son implantation à grande échelle, ce qui l'empêche de démontrer pleinement son potentiel et de s'ancrer durablement.

Cette situation génère des formes d'appropriation du terme de « justice restaurative » qui semblent pourtant être contradictoires avec ses principes fondamentaux. L'inspiration de ce phénomène est une bonne chose en tant que telle, ses aspirations philanthropiques ne peuvent qu'alimenter positivement de nouvelles approches des relations humaines et des systèmes de traitement des conflits. Cependant, l'utilisation du terme « restauratif » dans certains cas constitue une usurpation, conduit à la confusion et obscurcit d'autant plus la compréhension de ce sujet. Howard Zehr invite à concevoir un continuum de la justice restaurative, « depuis les pratiques qui en relèvent totalement jusqu'à celles qui lui sont totalement étrangères [1] ». Six conditions sont indispensables afin de déterminer à quel degré un modèle peut se rapprocher d'un programme restauratif : (1) ce dernier doit s'appuyer sur les torts, les besoins résultants ainsi que les causes, (2) il doit être orienté vers les besoins des victimes, (3) les auteurs doivent être encouragés à se responsabiliser, (4) toute partie prenante doit être impliquée, (5) dialogue et prise de décision collective doivent être envisageables, et enfin (6) le modèle en question doit prendre en compte les attentes de tous les participants [2]. En ce sens, les travaux d'intérêt général ne peuvent être dits que partiellement restauratifs [3] puisque bien qu'ils invitent l'infracteur à prendre ses responsabilités, ils ne résultent pas d'un dialogue, ni d'une décision prise collectivement, ils n'impliquent pas les victimes et leurs besoins propres ou d'autres parties impliquées. Howard Zehr admet cependant une exception pour la Nouvelle-Zélande, dont les travaux d'intérêt général procèderaient d'un accord entre les différentes parties lors des rencontres de groupe familial.

---

1. ZEHR Howard, 2012, *op.cit.*, p.80.

2. *Ibid*, p. 81.

3. *Ibid*, p. 83.

Bien qu'Howard Zehr soutienne que certains modèles puissent « partiellement » ou « potentiellement » être dits restauratifs, ils ne visent pas une approche globale du phénomène criminel et de ses répercussions à l'inverse de la justice restaurative. Il convient donc de prendre ces degrés du continuum à titre seulement indicatif. Il faudrait d'ailleurs ajouter à ces points d'autres critères examinés précédemment, à savoir que la justice restaurative ne peut être associée à une méthode thérapeutique, que l'engagement d'une mesure ne doit pas provenir d'un magistrat mais de la libre volonté des individus concernés (la médiation pénale est donc exclue de notre paradigme), que l'unique fin doit être le dialogue et l'autonomie des participants (contrairement aux programmes de réinsertion et de réhabilitation qui visent explicitement la baisse de la récidive). Il n'est aucunement soutenu ici que ces mesures et programmes seraient négatifs en soi. Au contraire, ils peuvent jouer un rôle essentiel au sein du système judiciaire et de la société en général. Les stages de responsabilisation par exemple visent à sensibiliser les délinquants aux conséquences de leurs actes, pour autant ils ne peuvent être inclus au sein des mesures de justice restaurative, puisqu'il n'y a pas de participation de la victime et de la communauté. Il en est de même pour les mesures éducatives judiciaires en faveur des mineurs ou de certains groupes de parole et autres programmes ayant émergé récemment [1]. Même si leur efficacité est avérée, ils ne capturent pas l'essence de la justice restaurative qui repose sur l'inclusion, le dialogue, ainsi que la réparation de toutes les parties. Ces usages détournés tendent à affaiblir la puissance symbolique de la justice restaurative et à brouiller sa véritable signification. En conséquence, sa compréhension s'en trouve encore altérée, rendant encore plus difficile son acceptation et son intégration effective dans les pratiques judiciaires et sociétales à long terme.

Il existe une vaste collection d'ouvrages et d'articles traitant de la justice restaurative, en passant par la caractérisation de ses thématiques, de ses éventuelles origines et ses limites. Il est pourtant difficile de s'y retrouver entre les différences

---

1. CARIO Robert, 2021, *op.cit.*, p. 78-88.

géographiques à l'égard des pratiques, ainsi que les diverses confusions dans la conceptualisation de ses objectifs (typiquement au sujet du pardon ou de la réconciliation). Il est aisé de s'y perdre entre les théorisations parfois abstraites et les pratiques divergentes, en résultent des erreurs d'interprétation, susceptibles d'expliquer les critiques que adressées à la justice restaurative. Certains magistrats en viennent à refuser la mise en place de rencontres contextuellement, supposant que la mesure serait inadaptée à un mineur, ou que l'affaire en question ne s'y prête pas (notamment pour les affaires de viols et d'inceste). Or si la justice restaurative est un droit, qui repose sur le choix des individus, aucune raison ne justifie ce refus. Cela contribue à rallonger la mise en place des rencontres, déjà chronophages en elles-mêmes. La méconnaissance de la justice restaurative dans sa réalité constitue donc une limite majeure à son développement. Cela freine son acceptation et son intégration dans le système judiciaire, restreint les financements nécessaires pour sa mise en œuvre efficace et donne lieu à des interprétations erronées ou à des applications inappropriées de ses principes. L'accent doit être mis une fois de plus sur sa diffusion à travers diverses plateformes. La parution en 2023 du film de Jeanne Herry Je verrai toujours vos visages fut une grande source de publicité pour la justice restaurative. Fidèle aux pratiques de l'IFJR, le nombre de demandes de participation et de formation aurait explosé depuis. La communication à travers les réseaux sociaux, l'expression artistique restent les meilleurs moyens de favoriser son extension et de la rendre cohérente aux yeux du grand public.

Une dernière limite demeure dans la dépendance sémantique vis-à-vis du modèle pénal et rétributif traditionnel. La justice restaurative, en tant qu'elle constitue une solution aux lacunes du système pénal intervient après que le processus judiciaire ait été lancé, et reste donc affiliée aux définitions strictes et communément admises par la justice pénale. En guise de rappel, la particularité du modèle rétributif réside dans la délimitation de certains actes comme jugés répréhensibles au regard de la loi. Cette dernière assure le partage entre des actes autorisés et des « infractions ». Ainsi la définition d'un « crime » ou d'un « délit » est incluse dans l'existence même des règles légales. Le problème des *viclimless crimes* avait été précédemment abordé. Certains actes qui pourtant n'impliquent aucun préjudice envers une personne seraient considérés comme des crimes. A titre d'exemple, l'homosexualité, la sodomie ou encore l'adultère étaient passibles (et font toujours l'objet dans certains États) d'une punition. La définition du crime n'est donc pas si aisée et exige de se demander si elle doit concerner des préjudices ou si il faut réellement l'étendre à une atteinte aux mœurs. Or la justice restaurative part justement du principe que le crime est une atteinte à l'intégrité d'une ou de plusieurs personnes [1], pour autant elle reste dépendante de ces définitions.

Prenons la situation inverse, qu'une personne se soit sentie victimisée, mais que l'acte en question n'est pas défini comme une infraction à la loi. Imaginons une employée, Clara, qui subirait des comportements dégradants et humiliants de la part de son supérieur hiérarchique. Elle se sent victimisée par cette situation qui affecte gravement sa santé mentale et sa prospérité au travail. Cependant, s'il ne remplit pas les critères légaux stricts définissant le harcèlement moral ou ne peut être prouvé selon les exigences légales, l'acte en question pourrait ne pas être reconnu comme une infraction par la justice pénale. La loi admet dans ses définitions des infractions des critères qui peuvent être fixés d'une manière qui paraîtrait arbitraire. Pour que justice se fasse, il faut avoir été reconnu légalement comme victime, or pour cela il faut que l'acte en question soit tenu comme une infraction. Prenons un autre exemple, Marie aurait été contrainte à des rapports sexuels non consentis par son mari. Cette dernière se reconnaît également victimisée par ces actes qui auraient eu un impact sur son bien-être physique et mental. Mais il se trouve que Marie réside dans un État où la législation ne reconnaît pas le viol conjugal comme un crime, et par ailleurs n'admet pas l'existence de ce terme, certainement en raison du contexte culturel. Elle ne pourra aucunement bénéficier d'un recours de justice. Dans les deux cas, Clara et Marie sont légitimes à se reconnaître comme des victimes. Elles ont subi des préjudices qui justifieraient leur plainte. Comme toute victime, elles éprouveront certainement

1. ZEHR Howard, 2012, *op.cit.*, p. 43.

des symptômes, tels qu'une perte de confiance en autrui due au traumatisme, une perte d'appétit, de la rancœur, de la détresse. Mais elles n'auront même pas eu le droit qu'on leur rende justice.

La justice restaurative intervient pour traiter les conséquences profondes générées par le crime. Mais dans le cadre où l'acte n'est pas admis comme tel, ces conséquences ne peuvent être prises en charge. Puisqu'elle reste attachée aux définitions décrites par la loi, cette dernière en devient une condition à la participation. Ainsi, Clara et Marie ne seraient pas éligibles à participer. Selon l'article 10-1, une mesure de justice restaurative peut avoir lieu « À l'occasion de toute procédure pénale et à tous les stades de la procédure ». Cela signifie qu'elle n'est envisageable que si la procédure pénale a été initiée, par une plainte ou plus largement par une enquête. Quelle que soit l'issue de cette procédure, il est possible d'envisager le processus. Cependant, une mesure de justice restaurative ne peut être mise en œuvre si aucune plainte n'a été enregistrée et/ou si les autorités ne sont pas informées des faits. C'est un point bien malheureux, qui entre en contradiction avec le caractère inclusif qu'il fallait accorder à la justice restaurative depuis le début de notre exposé. Il reste à se demander si cette dépendance à la justice pénale ne constitue pas un défaut de la justice restaurative, et si dans cette forme affiliée elle n'instituerait pas une énième vaine tentative de légitimer notre paradigme rétributif. Il semble toutefois que l'IFJR travaille actuellement au changement de cette modalité, afin qu'une mesure soit possible même si l'action publique n'est pas engagée. Il s'agit en effet de trouver des solutions et des compromis à cette soumission qui entraîne des contraintes pratiques. L'Enquête nationale sur la justice restaurative informe par exemple que les CPIP ne peuvent intervenir que dans le cadre d'un mandat judiciaire [1]. Bien que la justice restaurative soit en principe proposée à tout moment de la procédure pénale, les CPIP ne peuvent agir qu'à l'intérieur des limites de ce mandat. Par conséquent, seules les personnes qui sont actuellement suivies par le SPIP peuvent bénéficier des mesures. Si le suivi se termine, elles ne peuvent plus y prétendre. L'éthique revendiquée par la

---

1. *Op.cit.*, p. 103.

justice restaurative – incluant l'inclusivité et la reconnaissance de la réalité du préjudice – semble être incompatible avec la logique institutionnelle de la justice pénale.

Malgré l'effectivité des bienfaits de la justice restaurative observés, il fallait concéder quelques limites pratiques à son exercice. Le manque de financement, le peu de temps disponible à la mise en œuvre des pratiques, certainement inaugurées par l'incompréhension généralisée du phénomène restauratif, se conçoivent sans conteste comme des freins à son application. Une plus large connaissance de ses véritables principes et de son fonctionnement auprès du grand public conduirait assurément au déblocage de davantage de fonds. Pour cela, il semble que sa diffusion à travers les médias, l'art ou les réseaux sociaux contribueraient grandement à résoudre ces difficultés. Il est à espérer que cette phase embarrassante ne soit que transitoire, due à son caractère récent. Il convient de rester optimiste à propos de son implantation au regard des progrès qui ont pu être observés depuis ces dix dernières années de l'IFJR. En revanche, son affiliation à la logique pénale et ses institutions, semble toujours poser problème. Cette dépendance gêne l'exercice d'une pratique basée sur l'inclusivité et les principes fondamentaux de la justice restaurative. À une logique plus humaine se heurte un paradigme fondé sur des lois strictes et restrictives. Il s'agira de se demander s'il faut dès lors concevoir la justice restaurative comme un complément, nonobstant les limites résultantes, ou comme une alternative complète à la justice pénale.

C. Une alternative ou un complément au système pénal ?

La justice restaurative a été abordée jusqu'à présent comme une solution aux déficiences observables du système pénal. Son succès auprès des personnes ayant participé, mais également au sein des mouvements victimaires ainsi que son potentiel à favoriser l'autonomie des individus, leur activation dans nos sociétés démocratiques actuelles ne font que souligner davantage les limites du modèle à travers lequel se donnait à penser le phénomène criminel et sa résolution. Au regard de cette constatation, face à l'échec des tentatives de justifier le paradigme actuel, la question se pose de savoir si, au regard de l'essor de la justice restaurative, ne s'ouvre pas une période révolutionnaire attestant que la justice restaurative incarne le nouvel horizon d'un système plus juste, plus équitable et plus humain. Faut-il soutenir qu'il faut revoir toute notre méthode, que la justice restaurative représente une véritable alternative au modèle actuel, que « What is needed is a new paradigm [1] » ? Ou faut-il la maintenir au rang d'un complément, dépendant des institutions judiciaires et pénales et de leur financement ? Comme il fallait le remarquer, cette dépendance constituait une problématique au libre développement de la justice restaurative. L'envisager pour autant comme une substitution au système pénal traditionnel impliquerait un ensemble de changements significatifs, entre le remplacement de la peine de prison par d'autres méthodes axées sur la réparation des personnes impliquées et la redéfinition des notions de justice et de sécurité publique. Adopter cette vision nécessiterait des réformes profondes des institutions judiciaires, un changement de mentalité et une sensibilisation accrue du public aux bénéfices d'une telle approche.

Cette question est indissociable de la pensée abolitionniste qui s'est développée dans les années 1970, reposant sur le constat que la peine ne parvient pas à atteindre ses objectifs et attire davantage d'effets pernicieux qu'elle ne résout les conflits. Le crime est complexe, il est irréductible à un trouble individuel. Il englobe au contraire un ensemble de raisons sociales et politiques. La punition traiterait donc le crime de manière limitée, incapable de résoudre le problème de la criminalité sur le long terme, sans compter qu'elle ne se concentre pas sur son aspect intersubjectif et ne parvient pas à véritablement « rendre justice » aux victimes. Punir un individu, c'est s'attaquer aux symptômes et non à la source du problème. Justice restaurative et abolitionnistes se rejoignent dans la constatation des échecs du système pénal et dans la proposition de méthodes alternatives permettant d'aborder le crime de manière plus globale :

« Les mesures de justice restaurative s'efforcent, au contraire,

1. BARNETT Randy, *op.cit.*, p. 287.

de créer des dispositifs non punitifs par lesquels l'harmonie et la paix sociale peuvent être préservées ou rétablies, en s'inspirant parfois de formes de justice traditionnelle, communautaire et extra-judiciaire. C'est là un élément de convergence avec l'abolitionnisme pénal qui entend réactiver des modes de régulation et de contrôle social comme des alternatives à la peine ou, dans une version plus radicale, à l'ensemble du système pénal et à tous les maux qu'il engendre (exclusion, désocialisation, surpopulation des prisons, carcéralisation de la société, atteintes aux droits des condamnés...) [1] ».

Mais une disparition de la peine et du système punitif est-elle vraiment envisageable ? Comment vivre dans un monde en paix sans la coercition dissuasive, sans l'existence d'une unique instance ayant le monopole de la violence légitime ? Comme le précise Christophe Béal, selon une interprétation abolitionniste de la justice restaurative, « le processus restauratif [ne serait] pas un ornement qui vient s'ajouter à l'arsenal répressif mais constitue une véritable alternative aux poursuites et à la peine [2] ». Nombreux sont ceux qui restent suspicieux quant à l'effectivité d'une telle perspective. Beaucoup de méfiance entoure la potentielle expansion de la justice restaurative, craignant certainement que des principes tels que l'impartialité, la proportionnalité ou la légalité, attribués à la pénalité moderne, ne soient remis en cause. Jusqu'où par exemple faut-il étendre le rôle des victimes vis-à-vis de leur auteur, faut-il aller jusqu'à leur accorder le droit d'interférer sur leur sort ? Cette appréhension va jusqu'à la peur que les affaires criminelles soient reclassées en conflits privés, qu'à terme chacun puisse faire justice lui-même, signant un retour à l'archaïque. Abandonner notre appareil judiciaire traditionnel et notre système de sanction serait donc impossible dans nos sociétés actuelles, démographiquement étendues et constituées d'un pluralisme axiologique irréconciliable, à moins de souhaiter la guerre de tous contre tous. Pourtant, l'exemple de la justice transitionnelle assure qu'il est

1. BEAL Christophe, « Justice restaurative et justice pénale », *Rue Descartes*, vol. 93, n° 1, 2018, p. 58-71.

2. *Ibid.*

possible d'envisager la résolution de conflits sans que la punition soit nécessaire. La mobilisation des commissions Vérité et Réconciliation (la plus souvent citée étant celle présidée par Desmond Tutu en Afrique du Sud suite à l'apartheid) prouve qu'il est possible de traiter des conflits à l'aide une voie non pénale. Il est d'ailleurs bien souvent aisé de confondre justice restaurative et justice transitionnelle : il s'agit de même d'une forme de participation communautaire visant à la reconnaissance de torts causés aux victimes et à la responsabilisation. La justice transitionnelle s'établit en revanche à un niveau national ou international et met l'accent sur la recherche de la vérité, ainsi que la réconciliation (ce que la justice restaurative n'a pas la prétention de rechercher).

Malgré les doutes quant à la possibilité d'un « remplacement » complet de la justice pénale par la justice restaurative, il faudra examiner cette possibilité, incarnée par l'opposition entre les « minimalistes » et les « maximalistes » de la justice restaurative. Il faudra souligner que la grande majorité des tenants du versant maximaliste ne prônent pas un abandon de l'intervention de l'État et d'un système pénal/judiciaire, mais cherchent à maximiser les effets restauratifs dans l'approche du traitement du conflit criminel et de ses répercussions, tout en subvertissant la philosophie pénale dans son ensemble.

En France, l'IFJR n'aurait pas l'ambition de voir la justice restaurative se généraliser jusqu'à remplacer la justice pénale traditionnelle. La plupart des praticiens restent convaincus qu'une réponse judiciaire et pénale est nécessaire dans un premier temps, autant pour la sécurité de la victime et de la société que pour celle de l'auteur (afin d'éviter la vengeance privée). Comment envisager un traitement de la criminalité stable et favorable à la paix publique sans autorité judiciaire ? Kathleen Daly rappelle que la justice restaurative n'intervient qu'après l'admission des faits par un auteur. Elle ne se préoccupe pas des caractéristiques de l'acte tels que la culpabilité effective de l'individu, la commission effective de l'acte, mais seulement de ce qu'il faut faire à son issue. Ce point pourrait être considéré comme une limite mais constitue en réalité une force puisque cela lui permet d'assurer l'inclusivité des personnes concernées et leur libre participation aux mesures proposées : « There can be positive sources of connection between the supporters of offenders (say, a mother or father) and victims or their supporters. All of this is possible because RJ processes seek a conversational and dialogic approach to responding to crime. Decisions are not made by a distant magistrate or judge and an overworked duty solicitor and prosecutor with many files to process. In estab- lished CJ processes, research shows that in the courtroom, a defendant is typically mute and a victim is not present. State actors do all the work of handling and processing crime. The actual parties to a crime (the persons charged and victim-complainants) are bystanders or absent [1] ».

Pour autant, l'absence d'un processus d'enquête ou d'établissement des faits ne lui permet pas de prétendre pouvoir substituer le système pénal. Dans son état actuel et ses objectifs, sans une méthode de jugement, la justice restaurative ne peut traiter de manière indépendante le phénomène criminel. En revanche, elle est tout à fait capable de compléter la justice pénale, par exemple en s'intégrant dans les méthodes de détermination des peines (en témoignent les cercles de sentence ou de détermination de la peine au Canada). En ajoutant à cela qu'il n'existe pas de consensus à propos de sa définition, il semble qu'une interprétation abolitionniste d'un changement de paradigme à partir de la justice restaurative soit difficilement envisageable pour le moment. Il est difficile de concevoir un système de justice qui garderait pour maxime le principe du volontariat. Imaginons que le seul moyen pour gérer un conflit consiste à faire participer les parties prenantes à une rencontre organisée, comment faire si un criminel refusait de coopérer ou de reconnaître les faits ? Au regard de ces considérations, la raison imposerait d'adopter pour l'instant une position minimaliste de la justice restaurative.

En réalité, la plupart des propositions maximalistes n'excluent pas l'intervention de l'État ou des institutions judiciaires. Chez

---

1. DALY Kathleen, « The limits of restorative justice », in D. SULLIVAN et L. TIFFT (éd.), *The Handbook of Restorative Justice. A Global Perspective*, London/New York, Routledge, p. 137.

Lode Walgrave, il s'agit de reconnaître un rôle à la communauté et à sa capacité à résoudre les conflits mais, dans les cas où son action serait insuffisante, l'État doit intervenir et exercer sa coercition. Pour expliquer sa position, il faut revenir à une définition « puriste » de la justice restaurative que propose Tony Marshall : « Restorative justice is a process whereby the parties with a stake in a particular offence come together to resolve collectively how to deal with the aftermath of the offence and its implications for the future [1] ». Les défenseurs du maximalisme ont rejeté en bloc cette définition, affirmant qu'elle était trop restrictive. Pour Bazemore et Walgrave (1), la justice restaurative ne peut se rabaisser à un processus informel, elle doit au contraire prendre activement en charge la réparation des torts et parvenir à des résultats, de plus (2) le caractère volontaire de la participation réduit la possibilité de la mise en place de mesures aux cas où victimes et auteurs sont disposés à coopérer [2]. La position minimaliste qui consiste à embrasser cette définition conduirait à appauvrir le potentiel de la justice restaurative : en se concentrant sur les processus volontaires, certaines victimes ne pourraient bénéficier de la restauration si elles refusent de participer ou si leur auteur refusait lui-même. Elle n'inviterait pas à remettre en question la justice pénale actuelle, ce qui paraît contradictoire lorsque ce qui est prétendu est justement de traiter ses effets indésirables :

« Tant que la justice restaurative ne se présente que comme un modèle d'arrangements volontaires entre victimes, délinquants (et leurs communautés), basés sur un accord accepté librement par les parties concernées, elle sera condamnée à rester une sorte « d'addendum » en marge du noyau dur de la justice pénale, s'appliquant à la gestion des problèmes mineurs [3] ».

---

1. MARSHALL Tony, « The evolution of restorative justice in Britain », in *European Journal on Criminal Policy and Research*, 1996, p. 21-43.

2. BAZEMORE Gordon et WALGRAVE Lode, « In Search of Fundamentals and an Outline for Systemic Reform », in BAZEMORE, G. et WALGRAVE, L. (dir.), *Restorative Juvenile Justice : Repairing the Harm by Youth Crime*, Monsey (NY), Criminal Justice Press, 1999, p. 45-74.

3. WALGRAVE Lode, *op.cit.*, p. 13.

Il est donc impossible de s'en tenir à cette caractérisation de la justice restaurative pour pouvoir envisager l'émergence d'un nouveau paradigme. Afin de généraliser ses pratiques, Bazemore et Walgrave proposent une autre définition : « Restorative justice is every action that is primarily oriented toward doing justice by repairing the harm that has been caused by a crime [1] ». L'accent devrait être mis, selon eux, sur le préjudice commis et sa réparation. La justice restaurative doit viser à l'effectivité de la restauration, sa méthode ne peut être réduite aux rencontres entre victimes et infracteurs, il faut l'élargir à toutes les actions susceptibles d'avoir un effet restaurateur sur les victimes. Ce qui est considéré comme réparateur, ce n'est pas en soi le processus mais les mesures d'amélioration concrètes dérivant d'une rencontre. Ainsi il est possible d'envisager un ensemble de pratiques qualifiées de « restauratives ».

C'est dans ce cadre que Walgrave y incorpore ce qu'il appelle les « sanctions restauratives [2] ». Si par exemple un auteur refuse de participer à une mesure, il est possible de lui imposer des prestations communautaires. Bien que les travaux d'intérêt général soient souvent conçus au sein du contexte punitif, puisqu'ils s'inscrivent dans une optique de dissuasion sans pour autant viser la réparation d'un préjudice particulier, il est possible et même nécessaire à une version maximaliste de l'inclure dans le paradigme restauratif sous la condition qu'ils prennent en compte la réparation des dommages comme un principal engagement et qu'ils favorisent la responsabilisation du délinquant. Il ne s'agit pas d'en rester à la dimension volontaire de la participation, qui constitue une limite aux potentialités de la justice restaurative. Que la victime ou l'auteur manifestent leur désaccord quant à la coopération, la restauration de l'un et la responsabilisation de l'autre doivent être tout de même envisagées. Si la victime refuse, il faut donner la possibilité à l'auteur d'accomplir des travaux au bénéfice de la communauté ou de victimes ; s'il refuse en revanche il se verra encourir une sanction au caractère restauratif lui-même. On pourrait reprocher

1. BAZEMORE Gordon et WALGRAVE Lode, *op.cit.*, p. 48.

2. WALGRAVE Lode, *op.cit.*, p. 11.

à cette proposition de l'incohérence : si un auteur refuse de coopérer une sanction du même ordre que ce qu'on lui proposait s'il acceptait lui est imposée. De plus, n'importe quel délinquant feindrait la motivation à participer pour éviter la punition, ce qui donnerait lieu à des rencontres teintées d'insincérité et d'hypocrisie. Le caractère volontaire, l'impossibilité pour les criminels de voir leur peine être révisée par leur participation était le gage d'une discussion libre et authentique, plus à même d'engendrer des effets restauratifs chez les individus. Dans le modèle maximaliste proposé ce n'est plus le dialogue qui est visé, ni l'autonomie des personnes mais des résultats concrets, à partir de mesures que notre auteur appelle arbitrairement « restauratives ». Il est en effet difficile d'envisager que les termes « sanction » et « restaurative » soient réunis en une seule expression, d'autant plus que cela engage à se demander qui d'autre qu'un magistrat serait légitime à imposer cela.

Il faut donc comprendre que la coercition et l'intervention judiciaire ne sont pas exclues dans le modèle de Lode Walgrave. Si une infraction paraît trop grave, l'intervention publique et la punition lui paraissent nécessaires, mais dans son exposé il s'agit tout de même de questionner le système pénal – une lacune que les maximalistes reprochaient aux minimalistes – et de le remodeler à partir du modèle de la justice restaurative. Pour comprendre ce point, il faut s'arrêter quelques instants sur la distinction que propose Christophe Béal entre deux formes de maximalisme [1].

(1) Une première version, développée notamment par Anthony Duff [2] correspond à un maximalisme de type « rétributif ». Dans cette perspective, il n'est aucunement envisagé que la justice restaurative se développe en une forme d'abolition de la justice pénale ou aboutisse à un changement de paradigme. Au contraire, la justice restaurative constituerait non pas une alternative, mais une « variante » à la justice rétributive :

---

1. BEAL Christophe, *op.cit.*, p. 64-69.

2. DUFF Anthony, « Restoration and retribution », in A. von Hirsch, J.Roberts (dir.), *Restorative Justice and Criminal Justice. Competing or Reconciliable Paradigms*, Oxford, Hart Publishing, 2003, p. 43-59.

« Restaurer et punir seraient donc deux formes de justice corrective, l'une présentant une plus grande attention aux victimes, un caractère plus informel, plus inclusif et moins afflictif que l'autre [1] ». Elle doit intégrer la notion de punition dans son processus, proposant une nouvelle manière de punir. Ses mesures doivent donc se conformer aux principes de la rétribution. Il incombe principalement aux coupables de réparer les torts et cette réparation doit être proportionnée et respecter les droits fondamentaux de toutes les personnes concernées. Les programmes de justice restaurative ne chercheraient donc pas à éliminer le besoin de punition mais à le reformuler de manière à ce qu'il contribue à la réparation des relations et à la cohésion sociale.

(2) La deuxième forme est dite « conséquentialiste » et correspond à celle qui est majoritairement adoptée par les maximalistes. Selon cette version, ce n'est pas à la justice restaurative de se conformer à la justice pénale, mais à la justice pénale de se réformer pour embrasser les principes de la justice restaurative. Lode walgrave peut être inscrit dans cette catégorie : plutôt que d'infliger des punitions, un tribunal doit imposer des sanctions restauratives lorsque la participation à une rencontre et/ou un accord entre les parties est impossible. Ces sanctions diffèrent de la peine classique au sens où elles tendent à la restauration plutôt qu'à l'affliction. Toute peine qui ne viserait pas cet objectif devrait donc être abandonnée. Le caractère rétributif est ici condamné explicitement : il ne s'agit plus de définir le crime par une offense à la loi, une infraction mais de le concevoir vis-à-vis du préjudice commis à l'égard des victimes et de la communauté. Il n'est plus question de punir parce que quelqu'un le mérite mais de permettre à travers la sanction la réparation des dommages ainsi que la responsabilisation. Le caractère conséquentialiste tient justement de cette idée : toute mesure, tout processus ainsi que toute sanction n'est légitime que si elle vise de telles conséquences. C'est donc au système pénal de se subvertir de l'intérieur pour pouvoir s'adapter à une logique restaurative : dans un premier temps il est laissé aux parties

1. BEAL Christophe, *op.cit.*, p. 65.

concernées la possibilité de procéder à une rencontre et/ou un arrangement, mais si l'un d'eux refuse, que les termes n'ont pas été respectés ou que ce processus volontaire n'aboutit pas, il s'agit de mettre en jeu l'intervention publique et la sanction qui toutefois serait elle-même orientée vers la restauration. Christophe Béal présente ce schéma à partir d'un « modèle pyramidal », dans lequel la justice restaurative représenterait le socle et les sanctions judiciaires constitueraient les niveaux supérieurs, intervenant dans un second temps.

Il faut donc comprendre que le maximalisme que soutient Lode Walgrave ne prétend pas à un changement de paradigme. Il s'agit plutôt d'ajouter à la justice pénale un premier temps proposé aux protagonistes destiné à leur empowerment et à leur autonomisation et de réutiliser sa structure pour lui imputer une orientation restaurative. Au regard de nos préoccupations quant au bien-fondé du principe de la rétribution, cette proposition semble être idéale au sens où elle correspond à un compromis entre une révolution des principes de notre justice traditionnelle et la conservation de l'intervention publique et sa coercition (elle n'est pas abolitionniste). Il faudra pourtant émettre quelques réserves à l'égard de ce projet.

Le modèle exposé ci-dessus a donc cet avantage de réenvisager le système pénal à la lumière de la justice restaurative, de modifier ses méthodes en fonction d'un nouvel objectif : la réparation des torts. Néanmoins l'utilisation de la coercition comme moyen pouvant être dit « restauratif » ne parvient pas à convaincre. Les tenants du minimalisme avaient été critiqués pour leur réduction de la justice restaurative à des processus volontaires, pour autant cette caractéristique semble être indispensable à la restauration. D'abord parce que comme mentionné plus haut, rien ne garantit qu'un auteur accepterait dans un premier temps de participer à contrecœur si cela peut lui permettre d'éviter toute sanction. Cela pourrait entraîner, du point de vue des victimes, une méfiance incontournable envers la sincérité de leur interlocuteur. De plus, les « sanctions restauratives » ne semblent pas être capables d'atteindre leur véritable objectif. Comme le précise Paul McCold, « restorative justice requires cooperation and cooperation cannot be compelled or imposed [1] ». Le véritable objectif de la justice restaurative, c'est le dialogue parce qu'à travers le dialogue les parties lésées sont capables de trouver des réponses aux questions qui les angoissent et que les auteurs prennent compte des conséquences de leurs actes. Walgrave oublie que le crime laisse des marques indélébiles et que la compensation ou les travaux imposés en vue d'une réparation matérielle, bien qu'ils soient bienvenus ne parviennent pas à remplacer la perte d'un enfant, ni même à guérir les dommages physiques et psychologiques enclenchés par le crime. La restauration ne peut être atteinte que par l'autonomie des individus, la libre coopération dans ce cadre semble être le seul moyen d'arriver à la restauration. Certaines choses qui peuvent advenir durant la discussion telles que les excuses, le partage de remords, la réintégration jusqu'à potentiellement une forme de réconciliation ne peuvent pas être imposés par une autorité. Les victimes, ainsi que les communautés sont les seules à même de définir leur voie vers la guérison. En définissant précisément des actes comme « restaurateurs », les maximalistes prennent arbitrairement leur point de vue pour déterminer ce qui est le mieux pour eux.

Le seul point pouvant réellement être dit restauratif dans ce modèle pourrait être la responsabilisation des auteurs. À travers des travaux communautaires spécifiques, bien qu'ils ne semblent pas remplacer une rencontre, peuvent permettre à un délinquant de se détacher de son face-à-face avec la Loi pour qu'il prenne conscience des implications matérielles et financières de ses actes auprès des préjudiciés. Ce peut être également un moyen d'œuvrer concrètement à une forme de réparation, bien plus riche que l'épuration d'une simple peine de prison. Mais surtout si cette tâche est imposée par une autorité extérieure au conflit tel qu'un magistrat, cela ne contribue pas à réparer les dommages des individus réellement impliqués, encore moins à les restaurer. Le mal-être que vivent les victimes peut être profond et ne s'arrange que rarement à travers une réparation matérielle ou une compensation financière. Si de surcroit les sanctions imposées à

1. McCOLD Paul, « Toward a holistic vision of restorative juvenile justice: A reply to the Maximalist model », *Contemporary Justice Review*, 2000, 3(4), p. 376.

l'auteur concernent la contribution à une caisse de fonds, ou un travail d'intérêt général, les victimes n'en retireront aucun bénéfice. Bien que les maximalistes prônent que leur modèle s'engage à favoriser des résultats concrets du point de vue de la « restauration », ils semblent échouer en faisant une confusion dans l'utilisation de ce terme. Par exemple, ils ne prennent pas suffisamment en compte les dommages causés au sein des relations interpersonnelles. Dans ce cadre, les sanctions proposées sont inadaptées à générer un effet restauratif :

« We suggest that restorative justice is essentially about engaging offenders, victims, and their communities in a process where they define the harm and determine the obligations of the offender. Restorative justice cannot be done to the offender, or for the offender, but must be done with the offender. In order for justice to be done, it must also be done with the victim, and ideally, between victim and offender [1] ».

Bien qu'il faille reconnaître que ces propositions invitent bien mieux à la responsabilisation que le système pénal actuel, cela inclut des éléments non pas de restauration mais de réhabilitation. Le modèle maximaliste inclut de manière implicite la réhabilitation comme point essentiel à traiter dans le cadre de la justice restaurative [2]. Walgrave suppose que les « délinquants se réintègreraient mieux dans la communauté après de telles sanctions [3] », or il semble ici confondre la réhabilitation et la réintégration dont il est question dans la justice restaurative, qui se définit par le résultat et la participation même à des mesures où le consentement de chacun a été établi. Le problème, c'est que cet objectif finit par prévaloir dans les résultats de leur modèle, contre la restauration effective des victimes et des communautés. Leur projet pourrait être schématisé en postulant que seule la première étape où le choix est laissé aux protagonistes de participer ou non à une rencontre peut être qualifiée de restaurative, tandis que l'intervention publique et les sanctions intervenant dans un second temps seraient davantage de nature

1. *Ibid*, p. 384.

2. *Ibid*, p. 381.

3 WALGRAVE Lode, *op.cit.*, p. 25.

réhabilitative et se concentreraient sur l'auteur, bien qu'ils prétendent le contraire.

Finalement, même si leur entreprise mérite d'être considérée en raison de propositions de nature concrètes à révolutionner le système pénal, elle ne peut être dite restaurative ou qu'elle vise mieux la restauration que leur adversaire minimaliste. Au contraire, il semble que dans tous les cas, ce qui est appelé restauration ne peut advenir que par l'autonomie et le consentement des individus. Il ne s'agit pas ici de critiquer des sanctions qui auraient davantage de sens que la peine de prison traditionnelle mais seulement d'affirmer qu'elles ne peuvent en rien se revendiquer « restauratives ». L'utilisation de ce terme semble encore abusivement employée et démontre que le phénomène qu'il s'agissait d'éclaircir depuis le départ reste encore incompris. Cela doit s'expliquer par un manque de détachement au modèle rétributif, si ancré dans nos sociétés contemporaines et par lequel il est difficile de concevoir que les individus puissent faire preuve d'autonomie dans leur quête de réparation ou de responsabilisation. Il existe encore aujourd'hui de nombreux systèmes dans lesquels il convient de décider à la place des concernés de ce qui doit être le mieux pour eux, que ce soit à travers la justice pénale qu'au sein de la politique de santé publique, de la psychologie/psychiatrie, notamment. C'est de cette logique paternaliste qu'il faut savoir se tirer si l'on veut pouvoir comprendre la justice restaurative.

Un changement de paradigme est-il donc envisageable ? Ou du moins la justice restaurative est-elle susceptible de remplacer le système de justice pénale ? Il semble que non, du moins pour le moment. Il fallait voir que l'option maximaliste, bien qu'elle paraissait convenable, ne pouvait pas se percevoir dans la continuité de notre modèle restauratif en raison de son affinité trop évidente avec les institutions pénales. Une option abolitionniste à l'inverse serait inopportune dans la mesure où il est difficile de concevoir comment elle pourrait faire preuve de stabilité et garantir la paix publique dans nos sociétés si étendues démographiquement et axiologiquement. L'avènement du phénomène restauratif s'avère trop récent au regard de la longue histoire d'appropriation par l'État pour qu'il soit possible de discuter d'une alternative plausible. Il reste que la justice restaurative doit continuer à faire ses preuves et à marquer les esprits pour qu'un changement des mœurs puisse éventuellement s'opérer et qu'une réforme radicale à son image soit envisagée. L'enjeu sera certainement d'envisager une option au plus juste équilibre entre la garantie du respect des droits individuels ainsi que de l'ordre public et de l'autonomie des individus en quête de leur restauration.

Conclusion

L'objectif était de changer de lentille, de perspective, le temps de cette étude. Il fallait comprendre que l'émergence de la justice restaurative, qui s'inscrit dans un contexte contemporain de reconsidération de la place des victimes dans le discours politique, ne pouvait se penser sans sa critique du système pénal actuel et de l'appropriation sous-jacente des conflits par l'État. Les conflits, tels que l'a soutenu Nils Christie, sont une propriété. Il est compréhensible que dans un cadre libéraliste et démocratique, ce qu'il faut reconnaître comme nos propriétés tend tôt ou tard à être revendiqué. L'État devait se conduire comme le garant de nos droits naturels, mais le monopole de la réponse punitive – bien qu'il ait été défendu comme nécessaire à l'ordre public par les contractualistes – résonne paradoxalement comme une injustice. Tout ceci est le produit d'une longue histoire, notre système pénal s'est construit sur la base d'un face-à-face entre l'infracteur et le souverain, qui par la violence du spectacle des corps suppliciés tentait de mettre en évidence sa prééminence. Même après la disparition de la monarchie et l'adoucissement des punitions avec l'apparition de la peine étalon, l'incarcération ; ce modèle n'aurait pas disparu. Ce que le législateur représentait, la Loi, a pris sa place dans nos sociétés actuelles. Si le souverain châtiait, c'était pour réaffirmer sa puissance qui avait été niée par l'acte criminel. C'est aujourd'hui la Loi qui se trouve offensée et malgré la disparition des supplices, c'est l'État, comme il fut un temps le monarque, qui s'approprie le statut de victime au détriment des véritables personnes concernées. En témoigne le droit pénal : à l'inverse du droit civil, le conflit ne dépend pas directement des parties impliquées. Une procédure pénale peut avoir lieu même sans dépôt de plainte, même si victimes et auteurs ont trouvé un arrangement privé. Cela nous montre bien que nos conflits, depuis très longtemps, ne nous appartiennent plus.

Et pourtant nous nous efforçons d'accepter et de justifier le modèle rétributif. Si la justice restaurative provoque l'effarement, c'est parce que les individus estiment qu'il est normal de punir, qu'à chacun son dû et qu'en ce sens les infracteurs méritent leur sort, que sans la procédure les victimes seraient abandonnées, alors qu'elles sont justement les oubliées de la justice pénale. La loi implique un ensemble de règles qui définissent les infractions, mais ces dernières ne rendent pas nécessairement compte des préjudices. La punition n'intervient pas parce que quelqu'un a fait du mal à quelqu'un d'autre, mais seulement parce que la Loi n'a pas été respectée. Les victimes, ainsi que leur entourage seraient mis à l'écart, dépossédés de leur autonomie tandis que les infracteurs subiraient une peine dépourvue de sens, incapable de leur faire prendre conscience des conséquences derrière leurs actes. « Victime » et « criminel » ne seraient que des statuts juridiques, dénués de tout rôle à jouer dans un système au mouvement unique. Le système pénal, en plus d'être injuste étant donné son fonctionnement, échouerait à produire des résultats, tels que la réduction de la récidive ou à rendre justice aux victimes. C'est certainement cet attachement au paternalisme du modèle rétributif et nos difficultés à voir au-delà de ce dans quoi nous avons évolué qui expliquent les controverses qui ont été soulevées dans notre première partie. Si nous pensons qu'elle serait illégitime en raison de sa prétendue origine religieuse, du risque qu'elle représente du point de vue d'un retour à la mécanique vengeresse ou qu'elle contribuerait à un durcissement des peines par la considération de la victime et de sa souffrance, c'est bien parce que nous ne parvenons pas à nous détacher de cette perspective traditionnelle. Son manque de neutralité lui est reproché, mais contrairement à ce que l'on pourrait penser, la Loi n'est pas neutre que ce soit dans son contenu ou dans son application. Pour saisir pleinement les bénéfices de la justice restaurative, il est essentiel de se libérer du prisme rétributif au travers duquel la justice est appréhendée.

Il était donc nécessaire d'examiner en profondeur les concepts clés de la justice restaurative pour en saisir toute la portée. À l'instar de notre système pénal, il faut partir du principe que le crime affecte des individus. Comme Howard Zehr le soutient, les personnes sont prises dans des réseaux de relations interpersonnelles. Deux choses sont ici à considérer : les individus ainsi que leurs relations. Le phénomène criminel dépasse la simple infraction, il constitue un préjudice à l'égard des personnes et affecte profondément les liens sociaux. Il s'agit donc de remettre en jeu les acteurs principaux, que ce soient les protagonistes ou les membres de leur communauté.

Malgré le jugement et la punition, la souffrance des victimes perdure sans qu'elles aient de possibilité réelle de se reconstruire. L'indemnisation, les aides psychologiques proposées sont un bien mais elles restent insuffisantes quant aux angoisses et la multitude de questions auxquelles le procès n'aurait pas pu répondre. « Pourquoi moi ? », « Que serait-il arrivé si j'avais agi autrement ? », « Quelles sont mes perspectives pour l'avenir ? » « Dois-je m'inquiéter en permanence ? », sont autant de questions auxquelles seul leur agresseur pourrait leur apporter une réponse convaincante. Sans cette confrontation, les victimes restent figées dans leur statut, condamnées à une position d'infériorité sans espoir de s'en émanciper. Le crime laisse des marques profondes, rien ne saurait remplacer la perte. Il est néanmoins possible de reconquérir l'estime de soi-même et de reprendre confiance en ce monde et en autrui. La justice restaurative semble ainsi favoriser *l'empowerment*. En redonnant son autonomie à la victime, cette dernière est susceptible de trouver la voie vers sa réparation, de se reconstruire. Mais surtout, elle a l'opportunité de dépasser son statut juridique pour se voir de nouveau comme une personne, car derrière ces rôles artificiellement construits, il y a des personnes. Il en est de même pour l'auteur, loin d'excuser des actes par essence impardonnables, il s'agit de voir plus loin. La justice pénale se contente de punir, mais échoue à mettre en évidence les causes profondes du crime, à concevoir les inégalités socio-économiques et l'éducation comme des facteurs exerçant une influence sur le développement des comportements criminels. Sans y prêter attention, comment favoriser la prévention ? De plus, malgré les tentatives de donner un sens à la punition à travers la réhabilitation, les infracteurs parviennent rarement à se réintégrer durablement au sein de la société civile. Pour toujours considérer aux yeux du monde comme un « criminel » ou un « délinquant », tout individu sera tenté de récidiver, puisque telle est devenue son identité. En permettant à des personnes-auteures volontaires de participer à des rencontres, la justice restaurative leur ouvre la voie vers la réintégration. Le simple dialogue suffit à cette fin, puisque dans la discussion chacun est égal à l'autre et réengage son autonomie en face de son interlocuteur. Entendre les souffrances de personnes-victimes favorise bien mieux la responsabilisation, puisque dans ce face-à-face, les vécus transparaissent de manière concrète et authentique. Loin de se revendiquer comme une machine à pardon ou à réconciliation, la justice restaurative permet de reconnaître autrui comme un être humain, doté d'émotions, susceptible de faire des erreurs et surtout responsable. Dans ce cadre, il fallait élargir cette catégorie des personnes concernées à la communauté. Bien que ce terme reste vague et difficile à définir d'autant plus dans nos sociétés atomisées, il était essentiel de s'y pencher puisqu'il sous-entend que les protagonistes ne sont pas les seuls à être déstabilisés lors d'un conflit. Proches des victimes et des auteurs se retrouvent indirectement blessés par les actes criminels, dans le même état d'incompréhension, ils recherchent également des réponses. Il s'agit par ailleurs de mettre en évidence la responsabilité qu'aurait pu avoir l'entourage dans le développement du comportement de l'auteur. Le mécanisme du dialogue semble à plus long terme agir sur la prévention, à travers le partage des vécus, des ressentis, et des responsabilités communes. La communauté a son rôle à jouer, puisque c'est en son sein que l'auteur se retrouve symboliquement réintégré.

Le dialogue se trouve, au-delà du moyen, être l'unique objectif de la justice restaurative. Le pardon, la réconciliation ou encore la culpabilité ne représentent en aucun cas des fins auxquelles elle peut prétendre. Bien que ce soient des évènements qui peuvent advenir, il ne s'agit pas d'exercer une pression sur les participants qui ont chacun leurs propres attentes. Le dialogue se caractérise par une autonomie de tous les individus. Les encadrants doivent être formés à écouter mais ne doivent pas s'approprier leur parole ou monopoliser la conversation. Il devient clair que victimes et auteurs ont besoin de regagner une certaine forme d'autonomie quant à leur conflit, c'est précisément cette capacité d'action que la justice restaurative cherche à rétablir. C'est pour cette raison que le caractère volontaire de la participation est primordial : cette décision n'incombe pas aux magistrats ou à toute autorité extérieure aux concernés eux-mêmes. Et pourtant, les partisans du « maximalisme » semblaient contester cette clause. Pour qu'elle puisse produire des résultats à grande échelle et bénéficier au plus grand nombre, la justice restaurative devrait se voir institutionnalisée. Plutôt que de rester une maigre solution aux lacunes de la justice pénale, elle devrait embrasser sa structure pour le subvertir et enfin concourir à une véritable alternative. C'est dans ce contexte que des « sanctions restauratives » ont été envisagées, afin de proposer un nouveau modèle basé sur la réparation tout en maintenant les cadres censés maintenir la paix publique. Or cette option paraissait inappropriée, du moins incapable de refléter les valeurs sous-jacentes à la justice restaurative. La réparation, au regard de tout ce que nous avons pu en dire ne peut être imposée par une autre instance que soi-même, les maximalistes semblent croire, par ailleurs, qu'une indemnisation peut lui suffire, alors que les pertes causées par le crime sont si profondes qu'elles peuvent rarement être remplacées par le l'argent ou une compensation matérielle. Si leur proposition reste intéressante et mérite une attention, elle se situe injustement dans la continuité du phénomène restauratif. Seul le libre échange à travers le dialogue constitue en tant que tel une restauration, puisque les protagonistes retrouvent l'autonomie qui leur avait été niée.

Un détour vers une description du modèle français et de l'IFJR semblait nécessaire, dans l'optique d'une compréhension globale de la justice restaurative. Car cette dernière, bien qu'héritière d'un aspect éthique et théorique, constitue avant tout une pratique qui produit des résultats concrets. De nombreuses critiques à son égard semblent être inhérentes à une méconnaissance de la réalité des mesures, de leur préparation ainsi que de leur déroulement, qui reposent sur une législation et un protocole rigoureux. La méthode, basée sur une approche relationnelle s'avère porter ses fruits. Les retours, grandement positifs ne peuvent que renforcer notre optimisme quant à l'avenir de la justice restaurative. Malgré cela, elle peine pour le moment à se développer en France. Le manque de financement se reflète dans l'organisation générale de l'IFJR. Les professionnels qui y travaillent soulignent le caractère chronophage des rencontres, ce qui rend la situation encore plus complexe. La faible diffusion de la justice restaurative limite la sensibilisation et la reconnaissance de ses bénéfices potentiels, ce qui à son tour réduit l'intérêt et l'engagement financiers des bailleurs de fonds. Cela empêche l'augmentation des ressources, créant ainsi un cercle vicieux où le manque de financement freine l'expansion et l'efficacité de la justice restaurative. Mais il semble que tout ceci doit être relativisé au regard de son caractère récent. Depuis son implantation en 2013, l'IFJR n'a cessé de rencontrer du succès, entre son intégration dans la législation et ses accomplissements lors des rencontres effectives.

L'objet de notre étude était de comprendre un phénomène contemporain qui semblait générer de la confusion. En subvertissant notre approche traditionnelle, centrée sur la rétribution, pour aborder le phénomène criminel sous l'angle du préjudice en tant que tel, des personnes affectées dans leur être et dans leurs relations interpersonnelles, il a fallu mettre de côté un ensemble de préjugés. Il n'est pas si aisé de se détacher d'un tel héritage. Reconnaître la souffrance des individus est une chose, reconnaître que ces derniers sont par la même capables d'y remédier eux-mêmes en est une autre. La restauration n'est accessible que par l'autonomie, par laquelle le moi, qui avait été nié, se trouve réactivé. La justice restaurative permettrait ainsi une approche plus globale des conflits humains, du point de vue de la prévention, de la compréhension des crimes et surtout de la réparation. Tout le monde est à même d'adhérer à des valeurs telles que l'inclusivité, la participation ou encore l'autonomie. Pourra-t-elle à terme devenir une réponse systématique aux conflits ? Seule l'expérience nous le dira, il reste à poursuivre l'effort de promotion et de vulgarisation de la justice restaurative et de ses principes afin qu'elle puisse devenir à terme une option bien établie et reconnue de tous.

Bibliographie

1. Ouvrages

a) Ouvrages classiques

ARISTOTE, Ethique à Nicomaque.

BECCARIA, Cesare (1764), Des délits et des peines, Paris, Payot & rivages, 2014, trad. Philippe Audegean

FOUCAULT, Michel (1975), Surveiller et punir, Paris, Gallimard.

HABERMAS Jürgen (1986) Morale et communication.

KANT, Emmanuel (1795), Doctrine du droit.

NUSSBAUM Martha (2000), Woman and Human Development.

SINGER Peter (1975) La libération animale.

PLATON, République.

TOCQUEVILLE, Alexis (2019) De la démocratie en Amérique, nla.

b) Ouvrages en français

CARIO, Robert (2005), Justice restaurative. Principes et promesses, Paris, L'Harmattan.

CARIO, Robert et ROSSI Catherine (2010), « Les bienfaits de la justice restaurative » extrait de La justice restaurative. Principes et promesses, Ed l'Harmattant, 2e éd, 300p. dans le livret pédagogique « Devenir membre de la communauté », IFJR, France victimes, p.25.

CARIO, Robert (2012), Victimologie. De l'effraction du lien intersubjectif à la restauration sociale, 4e édition, L'harmattan.

CARIO, Robert (2021), Grandeurs et vicissitudes de la justice restaurative en France, L'harmattan, coll. Controverses, Paris.

CHARBONNEAU Serge, ROSSI Catherine (2020) La médiation relationnelle. Rencontres de dialogue et justice réparatrice, Ed. L'Harmattan, coll. Criminologie.

ERNER, Guillaume (2006), La société des victimes, La découverte.

FRASER Nancy (2011) Qu'est-ce que la justice sociale ? Edition La Découverte, Paris.

GARAPON, Antoine (2001), « La justice reconstructive », dans A. GARAPON, F. GROS, et T. PECH, Et ce sera justice. Punir en démocratie, Paris, Odile Jacob, p. 245-324.

GLOTZ, Gustave (1905), La solidarité de la famille dans le droit criminel grec, Paris.

GROS, Frédéric (2001), « Les 4 foyers du sens de la peine » dans A. GARAPON, F. GROS, et T. PECH, Et ce sera justice. Punir en démocratie, Paris, Odile Jacob, p. 11-138.

HOWARD, John (1788), État des prisons, des hôpitaux et des maisons de force, Paris, Lagrange.

RICORDEAU, Gwenola, Crimes et peines. Penser l'abolitionnisme pénal, Ed. Grevis, 2021, 195 p.

ZEHR, Howard (2002), La Justice restaurative. Pour sortir des impasses de la logique punitive, Genève, Labor et Fides (traduction française de The Little Book of Restorative Justice, Intercourse (PA), Good Books, 2002).

c) Ouvrages en anglais

ASHWORTH, Andrew (2003), « Is restorative justice the way forward for criminal justice ? », dans E. MCLAUGHLIN, R. FERGUSSON, G. HUGHES et L. WESTMARLAND (éd.),Restorative Justice : Critical Issues, Londres, Sage Publications/The Open University, p. 164-181

BANDURA Albert (1971) Social Learning Theory.

BARNETT, Randy (1981), « Restitution: A Paradigm of Criminal Justice » in Perspectives on Crime Victims, ed. Burr Galaway and Joe Hudson, p. 245-261.

BAZEMORE Gordon et WALGRAVE Lode (1999) « In Search of Fundamentals and an Outline for Systemic Reform » in BAZEMORE, G. et WALGRAVE, L. (dir.), Restorative Juvenile Justice : Repairing the Harm by Youth Crime, Monsey (NY), Criminal Justice Press, 1999, p. 45-74.

BLOOM, Sandra (1997) Creating Sanctuary : Toward the Evolution of Sane Societies, London, Routledge.

BRAITHWAITE, John (1989), Crime, shame and reintegration, Cambridge, Cambridge University Press.

BRAITHWAITE, John (2003), « Principles of Restorative Justice », dans A. VON HIRSCH, J. ROBERTS, A. BOTTOMS, K. ROACH & M. SCHIFF (éd.), Restorative Justice and Criminal Justice: Competing or Reconcilable Paradigms?, Oxford, Hart Publishing, p. 1-20.

CONSEDINE, Jim (1995) Restorative justice : Healing the effects of crime, Lyttelton, Ploughshares Publications.

DALY, Kathleen (2006), « The limits of restorative justice », dans D. SULLIVAN et L. TIFFT (éd.), The Handbook of Restorative Justice. A Global Perspective, London/New York, Routledge, p. 134-145.

DEWEY, John (1927) The Public and its Problems.

DUFF, Antony (2003) « Restoration and retribution », in A. VON HIRSCH, J. ROBERTS, A. BOTTOMS, K. ROACH & M. SCHIFF (éd.), Restorative Justice and Criminal Justice: Competing or Reconcilable Paradigms, Oxford, Hart Publishing, p. 43-59.

HOLMES JR, Olivier Wendell (1897), The path of the law

JOHSTONE, Gerry (2002) Restorative Justice. Ideas, Values, Debates, Portland, Willan Publishing.

SCHUR, Edwin (1965) Crimes Without Victims : Deviant Behavior and public polic : Abortion, Homosexuality, Drug, Addiction.

MAGLIONE, Giuseppe (2017) Communities at Large : An Archeological Analysis of the 'Community' within Restorative Justice Policy and Laws, Crit Crim 25, 453–469.

WEITEKAMP, Elmar (1999), « The History of Restorative Justice », in BAZEMORE G. et WALGRAVE, L. (dir.), Restorative Juvenile Justice : Repairing the Harm by Youth Crime, Monsey (NY), Criminal Justice Press, p. 75-102.

ZEHR, Howard (2005 [1990]), Changing Lenses. A New Focus for Crime and Justice, Waterloo (PA), Herald Press.

2. Articles/articles de revue

a) Articles / articles de revue en français

BEAL Christophe, « Justice restaurative et justice pénale », Rue Descartes, vol. 93, no. 1, 2018, pp. 58-71.

CARIO, Robert (2011), « Les rencontres restauratives en matière pénale : de la théorie à l'expérimentation des RDV », AJ Pénal, n° 2011-6, Paris, Dalloz, p. 294-298.

CARIO, Robert (2014), « La justice restaurative : principes et promesses », Les Cahiers Dynamiques, n°59, Paris, Erès, p. 24-31.

CARIO Robert (2024) « La CIIVISE et la justice restaurative. Une charge excessivement « injuste », Dalloz actualité , https://www.dalloz-actualite.fr/node/ciivise-et-justice-restaurative-une-charge-excessivement-injuste.

ERNER, Guillaume (2007), « Compassion et société des victimes » dans Le journal des psychologues, n°249 , p.45-46

FATTAH, Ezzat. A (1966), « Quelques problèmes posés à la justice pénale par la criminologie », Annales internationales de criminologie, pp.335-361, spé p.336 et 361.

GARAPON, Antoine (2006), « Justice et reconnaissance », Esprit, n° 2006-3 (La pensée Ricoeur), p. 231-248.

LEFRANC, Sandrine (2006), « Le mouvement pour la justice restauratrice : « an idea whose time has come » », Droit et Société, n° 63-64, Paris, LGDJ, p. 393-409.

M'BANZOULOU Paul (2015) « L'expérimentation des rencontres détenus-victimes à la maison centrale de Poissy : enjeux et résultats observés. », Revue juridique de l'Océan Indien, 21, pp.225-238.

ROSSI Catherine (2012) « Le modèle québecois des rencontres détenus-victimes », Les cahiers de la justice , Dalloz, (n°2), p.107-123.

SALAS, Denis (2004), « L'inquiétant avènement de la victime », dans Sciences Humaines, Hors-série « Violences », 47 p.90-93.

WALGRAVE, Lode (1999), « La justice restaurative : à la recherche d'une théorie et d'un programme », Criminologie, vol. 32, n° 1, Montréal, Presses de l'université de Montréal, p. 7-29.

b) Articles / articles de revue en anglais

BORTON Ian M., PAUL, Gregory D. (2015) « Problematizing the healing metaphor of restorative justice », Contemporary Justice Review, 18:3, p. 257-273

BRAITHWAITE, John (1999) « A Future Where Punishment is Marginalized: Realistic or Utopian? », UCLA Law Review, 46, pp. 1727–50.

CHRISTIE, Nils (1977), « Conflicts as property », The British Journal of Criminology, vol. 17, n° 1, Oxford, Oxford University Press, p. 1-15.

HAYES Hennesse, HALY Kathleen (2004) « Conferencing and Re-offending in Queensland » in Australien and New-Zealand Journal of Criminology, 37, p.167-191.

KROOVAND HIPPLE Natalie, GRUENEWALD, Jeff, MCGARELL Edmund F. (2014) « Restorativeness, Procedural Justice and Defiance as Predictors of Reoffending of Participants in Family Group Conferences » in Crime and Delinquancy, 60(8), p.1131-1157.

MCCOLD Paul, (2000). « Toward a holistic vision of restorative juvenile justice: A reply to the

Maximalist model. » Contemporary Justice Review, 3(4), p.357-414

MARSHALL Tony (1996) « The evolution of restorative justice in Britain » in European Journal on Criminal Policy and Research, p.21-43.

VAN NESS, Daniel (2006), « Victim offender mediation programmes », Les cahiers de la justice, n° 2006-1, Paris, Dalloz-ENM, p. 143-151.

Table des matières

Structures éditoriales du groupe L'Harmattan

L'Harmattan Italie
Via degli Artisti, 15
10124 Torino
harmattan.italia@gmail.com

L'Harmattan Hongrie
Kossuth l. u. 14-16.
1053 Budapest
harmattan@harmattan.hu

L'Harmattan Sénégal
10 VDN en face Mermoz
BP 45034 Dakar-Fann
senharmattan@gmail.com

L'Harmattan Cameroun
TSINGA/FECAFOOT
BP 11486 Yaoundé
inkoukam@gmail.com

L'Harmattan Burkina Faso
Achille Somé – tengnule@hotmail.fr

L'Harmattan Guinée
Almamya, rue KA 028 OKB Agency
BP 3470 Conakry
harmattanguinee@yahoo.fr

L'Harmattan RDC
185, avenue Nyangwe
Commune de Lingwala – Kinshasa
matangilamusadila@yahoo.fr

L'Harmattan Congo
67, boulevard Denis-Sassou-N'Guesso
BP 2874 Brazzaville
harmattan.congo@yahoo.fr

L'Harmattan Mali
ACI 2000 - Immeuble Mgr Jean Marie Cisse
Bureau 10
BP 145 Bamako-Mali
mali@harmattan.fr

L'Harmattan Togo
Djidjole – Lomé
Maison Amela
face EPP BATOME
ddamela@aol.com

L'Harmattan Côte d'Ivoire
Résidence Karl – Cité des Arts
Abidjan-Cocody
03 BP 1588 Abidjan
espace_harmattan.ci@hotmail.fr

Nos librairies en France

Librairie internationale
16, rue des Écoles
75005 Paris
librairie.internationale@harmattan.fr
01 40 46 79 11
www.librairieharmattan.com

Librairie des savoirs
21, rue des Écoles
75005 Paris
librairie.sh@harmattan.fr
01 46 34 13 71
www.librairieharmattansh.com

Librairie Le Lucernaire
53, rue Notre-Dame-des-Champs
75006 Paris
librairie@lucernaire.fr
01 42 22 67 13

www.ingramcontent.com/pod-product-compliance
Lightning Source LLC
LaVergne TN
LVHW021226061026
849535LV00008B/2938